EDIFICANDO LA FAMILIA

CARLOS VELASQUEZ

Edificando la Familia

por Carlos Eduardo Velásquez Pérez
velagon@gmail.com

ISBN: 978-1-942991-59-5

Edición revisada - enero, 2017

Producido por
Editorial RENUEVO
www.EditorialRenuevo.com
info@EditorialRenuevo.com

CONTENIDO

Presentación

Edificando la Familia, es la recopilación de varias enseñanzas impartidas por el autor, en diferentes ocasiones.

Al reconocer la necesidad de poner tal enseñanza al alcance de todos los interesados, el autor se dio a la tarea de poner por escrito sus enseñanzas y fue así como surgió este libro, que además de ser completo en sí para aquellos que quieran leerlo por sí solos y equiparse con la experiencia, es también el texto para el curso que se imparte.

Con la intención de facilitar su uso y enseñanza, se ha escrito un libro de trabajo para el alumno y un libro del maestro, con las notas adicionales del autor.

Acerca del Autor

Carlos Eduardo Velásquez Pérez es reconocido como Maestro para el Cuerpo de Cristo. Nació en Guatemala y desde muy joven se trasladó a Estados Unidos, donde experimentó el poder transformador de Jesucristo, fue pastor en las Iglesias Bautistas del Sur y después de experimentar el bautismo en el Espíritu Santo fue reconocido pastor de las Asambleas de Dios.

En su búsqueda por amoldarse a los conceptos bíblicos, formó una iglesia independiente y después de más de tres años como Ministro independiente, reconoció la restauración que Dios está haciendo en la Iglesia y eso le llevó a conocer y a unirse a Ministerios Verbo en 1980.

Carlos es casado con Lilian Amparo González de Velásquez que también es guatemalteca y tienen tres hijos: Ondina Oddette (la mayor, casada con Dorval Ponce y tienen dos hijos: Elisabeth Maite y Jonathan Andre); Brandon Eduardo (casado con Wendy Mejía) y Joanna Nicole.

Introducción

Uno de los pocos puntos en que todas las instituciones y gobiernos parecen estar de acuerdo, es en que la familia juega un papel decisivo en todo. La Iglesia reconoce que está compuesta por familias, por lo tanto, depende de la calidad de vida, dedicación y relación de las familias, lo que la Iglesia sea. De igual manera, los gobiernos de las naciones reconocen que son las familias a quienes tienen que dirigirse para encontrar apoyo y razón de ser. Un buen ejemplo es la Constitución de la República de Guatemala, que en sus palabras iniciales menciona a la familia como la base o fundamento de lo que la nación puede llegar a ser.

Con base a esos elementos en la enseñanza misma de la Biblia, es que dedicamos este material como un elemento más para ayudar a comprender lo que es la familia, la función de sus miembros, su lugar como escuela de la vida y ejemplo de toda otra relación y función que cada persona encontrará y desarrollará en su vida. Es por eso que nuestro deseo y oración es fortalecer a la Nación y vitalizar a la Iglesia y, para ello, encontramos que la mejor forma de hacerlo es «EDIFICANDO LA FAMILIA».

Regresando al Fundamento de la Familia

Así dijo Jehová: «Paraos en los caminos, y mirad, y preguntad por las sendas antiguas, cuál sea el buen camino, y andad por él, y hallaréis descanso para vuestra alma. Mas dijeron: No andaremos.» Jeremías 6.16

«¿Qué es lo que fue? Lo mismo que será. ¿Qué es lo que ha sido hecho? Lo mismo que se hará; y no hay nada nuevo bajo el sol.» Eclesiastés 1.9

A lo largo de la historia, al ser humano, se le encuentra buscando afanosamente las distintas cosas, elementos y circunstancias que le provean lo que la Biblia resume como «descanso para vuestras almas.» Sin embargo, lo que hace su búsqueda no sólo infructuosa, sino que innecesaria, es el hecho de que Dios ya le ha revelado dónde se encuentra la respuesta, pero como no es nada nuevo, el hombre insiste en suponer que con el tiempo todo cambia, incluyendo los caminos de Dios, por lo cual se rehúsa a tomar la respuesta de Dios. Esta actitud se refleja en todo ser humano, incluyendo aún a los cristianos que, por no reconocer esa tendencia de rebeldía, pretenden mejorar los planes de Dios. Uno de los ejemplos más claros es el de cumplir con «la gran comisión»: Jesús claramente enseñó el concepto de testificar con nuestro estilo de vida y cambiar nuestros planes para unirnos a los de Dios; pero el hombre asume que puede no sólo cambiarlo, sino mejorarlo por medio de campañas y programas de alcance masivo.

Por medio del profeta Jeremías, Dios invita al hombre a encontrar lo que busca, dándole una serie de pasos o instrucciones prácticas a tomar.

«Paraos en los caminos…» Escrito en plural, es para llamarnos la atención sobre el hecho de que nuestra mentalidad sigue siendo que todos los caminos conducen a Roma, cuando en realidad, es sólo cuando acatamos la voluntad de Dios que podemos estar en

«el camino». Esta exhortación la pudiésemos considerar como: «Dense cuenta de que el solo hecho de ser tantos sus caminos, sus formas de querer encontrar la paz, indican que no son correctos, pues todos opinan ¡esta es la forma! ¡este es el camino! y a la vez todos asumen una posición diferente.» Por lo tanto: ¿qué hacer?

Bueno, el siguiente paso es *«mirad»*—consideremos cuál es el fruto del camino, de la actitud, de la posición que hemos tomado: ¿Tenemos paz con Dios y descanso en nuestras almas? ¿Es nuestro camino evidencia y ejemplo para que otros lo puedan imitar para conseguir la paz? Obviamente no es así.

De otra manera, Dios no nos requeriría el tercer paso: *«Preguntad por las sendas antiguas, el buen camino.»* Nuevamente Dios nos enseña que para siempre permanece su Palabra, la senda antigua sigue siendo el camino contemporáneo, porque, aunque «hay camino que al hombre le parece camino de vida, su fin es de muerte», el camino de Dios continúa siendo el único camino, el cual Dios ha revelado en su Palabra dejándonos saber su voluntad; si nos tomamos el tiempo de preguntar a aquellos que han encontrado la paz, su respuesta será que «el camino de Dios es el buen camino.»

Ante tal reconocimiento, sólo nos quedará el último paso: *«Andad por él»*: Ese paso, traduciéndolo al lenguaje de Santiago es: *«Sed hacedores de la Palabra»* y poniéndolo en terminología actual significa no ser sólo religiosos con conocimiento intelectual, pero carentes de aquello que sabemos es la voluntad de Dios. Es sólo así que se encuentra descanso para el alma. Por lo tanto, hagámoslo ahora mismo, hagamos un alto en el camino y observemos cómo fue al principio, cuál es esa senda antigua.

Dios creó tres instituciones básicas y fundamentales para mantenernos en ese camino:

1. **La Familia:** Es el fundamento y núcleo de todo lo demás;

2. **La Nación:** como expresión práctica y amplificada de lo que se aprende en la familia, y

3. **La Iglesia:** como el instrumento restaurador de la familia y portador del mensaje de Dios a las naciones.

Siendo este el caso, es obvio que la familia y su cuidado se encuentran desde el inicio del camino del Señor y al mirar el testimonio de la historia, podemos darnos cuenta de que donde se valoró y respetó a la familia, hubo prosperidad y luego, cuando se descuidó el valor familiar, el colapso fue inevitable. Un ejemplo del pasado es Roma que llegó a ser el imperio más grande del mundo cuando entre sus prácticas y valores, la familia ocupaba un lugar prominente, pero después empezaron a delegar la educación de sus hijos a los esclavos griegos que habían conquistado y poco a poco los valores familiares se fueron perdiendo hasta que Roma cayó.

Lo mismo pasó en nuestros días con los Estados Unidos, una nación que llegó a ser la más poderosa sobre la faz de la tierra, porque en sus raíces y fundamentos estaba el valor de las relaciones familiares. Luego, cuando empezaron a dar cabida al humanismo con sus muchas expresiones tales como: Igualdad de derechos, Liberación de la mujer, Derechos de los niños, etc., el descenso se hizo manifiesto, no sólo en lo moral sino en todos los aspectos.

En donde la Iglesia ha cometido el mismo error, al restar atención a los valores familiares, su influencia se ha limitado a una religiosidad y a un aspecto superficial.

Es claro que la senda antigua nos regresa a los valores de la familia, pues aún antes de que existieran las escuelas, la educación se desarrollaba en la familia, en la casa. Luego se dispuso que se podía mejorar la educación y librar a los padres para que trabajasen mejor creando escuelas y así, la relación familiar empezó a derrumbarse. Su impacto se notó también en lo espiritual, los primeros siervos eran los que habían sido inspirados por el ejemplo de sus padres, pero la necesidad de mejorar el equipamiento de los ministros produjo las escuelas bíblicas y el resultado fue el mismo: se empezaron a producir ministros con títulos y diplomas y a menospreciar a verdaderos hombres fieles porque eran laicos.

Desde un principio, Dios puso como fundamento de toda relación y función a la familia. De hecho, la historia comienza con la institución y bendición de una familia. En el Edén estaban Adán y Eva, después del diluvio, la comisión se pasa a otra familia, la de Noé y luego, cuando por primera vez Dios revela a Abraham sus planes para toda la humanidad lo pone en esta manera: *«...en ti serán benditas todas las familias de la tierra...»; (Génesis 12.3)* el Apóstol Pablo, refiriéndose a estas palabras dice: *«...todas las naciones...»* en lugar de familias, pero no es un error, sino una ampliación o aclaración del diseño de Dios, pues Dios bendice a la nación por medio de bendecir a las familias que forman esa nación. Aún más, cuando Dios formó la nación de Israel, siguió lidiando con ella por medio de las familias, como en el caso de Josué 7.14, 16–18 y lo enfatiza por medio del Profeta Jeremías cuando les dice: *«En aquel tiempo—dice Jehová—Yo seré por Dios a todas las familias de Israel y ellas me serán a Mí por pueblo.» (Jeremías 31.1)*

Conforme pasó el tiempo y con él el decaimiento de la familia y la nación, Dios establece la Iglesia con el propósito de regresar tanto a la familia como a la nación a la senda antigua, o sea a valorar el diseño de la familia como la primera escuela y centro de equipamiento para la humanidad. En la Iglesia, Dios pone primeramente el énfasis en la familia, a tal grado que la manifestación de ser llenos de su Espíritu se ve primero en la relación familiar. Como sabemos, las epístolas no fueron escritas con capítulos y versículos como las tenemos hoy, por lo tanto, la indicación de *«ser llenos del Espíritu»* de Efesios 5.18 debe leerse unida a los siguientes versículos, especialmente del 21 al 6.4 que tratan con la relación familiar y si eso no fuera suficiente, los requisitos para los que se dediquen a ser ministros de Dios son fundamentalmente una buena relación familiar. *(1 Timoteo 3.1–5)* Por lo tanto, si queremos encontrar la paz para nuestras almas, el primer paso que tenemos que dar es volver a estudiar lo que la Biblia dice acerca de las funciones familiares, directrices a esposos, esposas, padres, hijos, hermanos y proponernos renovar nuestro entendimiento para desechar los conceptos humanistas que han puesto en decremento la importancia de la familia.

En las siguientes páginas, presentaremos la perspectiva bíblica de lo que es un matrimonio desde su inicio y luego consideraremos áreas de relación personal específicas, como la educación de los hijos, poniendo el énfasis en que la educación y entrenamiento es más que todo el ejemplo que damos en casa desde que los hijos son bebés, pues como son seres eternos, su espíritu y su alma están absorbiendo las normas, patrones y valores que los padres modelamos para ellos.

Por lo tanto, es de suma importancia que los padres tengan un entendimiento claro de lo que Dios enseña y lo que Dios valora, versus lo que la humanidad llama amor, noviazgo, disciplina, etc.

Comenzaremos por tocar el tema del noviazgo, compromiso y matrimonio para formar una secuencia en la mentalidad que debe existir en un hombre y una mujer desde su niñez, para que cuando lleguen a ser adultos y formen su propio hogar tengan un entendimiento fundamental de los valores de Dios y entiendan el propósito de la familia en el Reino de Dios.

NOVIAZGO, COMPROMISO Y MATRIMONIO

«...sino transformaos por medio de la renovación de vuestro entendimiento, para que comprobéis cuál sea la buena voluntad de Dios, agradable y perfecta.» (Romanos 12.2)

¿Cuánto nos ha afectado el entendimiento del humanismo? Más de lo que suponemos. Quizá en lo que más ha logrado dañarnos es en el concepto de la Educación Progresiva. Con esto quiero decir que se nos presentan todas las cosas como partes aisladas la una de la otra y sin ninguna relación.

Por ejemplo, en las escuelas, separan historia de geografía y en la misma historia, presentan los países individualmente, como si cada uno fuese totalmente independiente de los otros, lo cual no es así. Entonces, ¿cuál es el concepto correcto?

Dios creó toda la tierra en la cual se está desarrollando una historia, por lo tanto, todos los lugares y los eventos se relacionan íntimamente. La misma historia muestra cómo las ideas y creencias de un país han afectado a otros, ya sea para bien o para mal, al tener interrelación comercial, educativa o deportiva.

No obstante, ¿qué tiene que ver todo esto con el noviazgo, compromiso y matrimonio? Exactamente es la misma historia, pues se presentan los distintos aspectos de la vida de una persona como etapas o eventos aislados. De allí que se trata la niñez como una cosa no relacionada con su función cuando adulta. Llega la edad de la adolescencia y se presenta que esa es una edad especial, en la que se experimentan ciertos sentimientos y desarrollos que causan temperamentos y emociones casi fuera del control en los jóvenes etc.. Luego el noviazgo es una cosa aislada de la amistad y del matrimonio, una clase aparte. Y, por último, está el compromiso con la intención de casarse. Todo esto es consecuencia de la educación progresiva que es una hermana de la evolución.

¿Cuál es la realidad? Dios pone en cada uno de nosotros todo el equipo y capacidad que requeriremos para ser padres, desde que nacemos; por lo tanto, lo único que falta es el desarrollo en el conocimiento y en lo físico. Dios dice en la Biblia: *«Instruye al niño en su camino»*, lo cual implica que se les presenta su vida como un todo, demandando responsabilidad en cada área de su vivir como vital a los demás.

Con esto queremos decir que desde niño se le enseña que su actitud como estudiante, como hijo o hija afectará su vida de adulto. Su relación de compromiso al matrimonio puede decidirse desde que son niños, pues no está basado en informalidades de carácter, ni cuentos de hadas, ni nada de esa índole, sino en la realidad del pacto que es el matrimonio. Por eso, los padres pueden y deben tener para sus hijos una meta clara, de largo alcance, en la cual las distintas carreras vocacionales, desarrollos atléticos, musicales, etc., sólo sean pasos de desarrollo y equipamiento que les capaciten para cumplir y funcionar mejor en su meta final.

Primera Parte

El Propósito de las Relaciones

Todas las relaciones que desarrollamos en nuestra vida, ilustran el mensaje de Dios y edifican el carácter de la persona. Veamos algunos ejemplos.

1. La Familia ***(padres, hijos y hermanos)***

La primera relación a la que un ser humano está expuesto es a la de los padres y los hermanos, o sea la familia. Cada una de estas relaciones nos ilustra cómo Dios se manifiesta al hombre para expresar parte de su mensaje redentor.

Como **padre**, Dios se llama a sí mismo Padre muchas veces para ilustrar Su cuidado, Su provisión, Su deseo de dar lo mejor. Ej.: *Mateo 7.11; 18.14; Lucas 12.32.*

Como **madre**, Dios por medio de Jesús expresa Su cuidado y deseo de juntar a Sus hijos como la gallina a sus polluelos para guardarlos.

Y desde luego, como **hijo**, nos enseñó el respeto a la autoridad de sus padres y el honrarlos, aun en seguir el equipamiento de carpintero, cuando sabía que Su función y propósito sería otro.

Como **hermano**, Dios en la persona de Jesús nos enseña Su disposición a dar la vida por Sus hermanos.

Prácticamente, el resto de las relaciones tiene su base en el hogar, pues aquí se ilustra en forma básica, pero real lo que es la sociedad, la escuela, el trabajo, el matrimonio, etc. Es por eso que menospreciar las lecciones del hogar en la niñez, trae grandes dificultades de adaptación en los años y relaciones por venir.

Prueba de ello es que tanto los psicólogos como los médicos, los consejeros familiares y espirituales, preguntan cómo fue el desarrollo de la vida de la persona desde su infancia, pues, como alguien dijo: «Los problemas de los adultos no son más que problemas de jóvenes que nunca fueron resueltos.»

2. La Sociedad ***(amigos, jefes, empleados, gobierno, maestros, alumnos, etc.)***

Estas relaciones no son diferentes ni aisladas a las de la familia, sino son meramente una expresión mucho más amplia de los principios que se aprendieron en casa, tales como obediencia, respeto mutuo, responsabilidad, apoyo, concepto de equipo, etc. Las relaciones en el hogar nos ilustraron el mensaje de Dios y ahora aquí, en la sociedad, la práctica desarrolla en nosotros el carácter de Dios. Es obvio que, si en la familia no se apreciaron los conceptos, en la sociedad no se podrán aplicar y en lugar de desarrollar carácter cristiano, sólo se aumentará el mal carácter que se trae o la falta de carácter. Pero ¿dónde se preparó la persona para estas relaciones y cuándo? En su familia y en su niñez.

3. El Matrimonio

El matrimonio bíblico es el que más claramente ilustra el plan redentor de Dios, por lo tanto, veamos una breve comparación de éstos.

El concepto bíblico del Matrimonio		
El Plan Redentor de Dios		
1. El novio toma la iniciativa, sale de la casa de su padre con su aprobación y va a la casa de la futura esposa.	1. Cristo salió de la casa de su Padre para venir a donde vivía su futura esposa. *(Juan 1.14)*	1. A lo largo de la Biblia, se habla de buscar esposa para el hijo, los padres no buscaban esposo para sus hijas, sino que examinaban, por así decirlo, a los pretendientes.
2. El padre de la mujer negociaba con el novio el precio que debía pagar para establecer la responsabilidad financiera del novio.	2. Cristo tuvo que pagar el precio con su propia sangre. *(1 Corintios 6.19–20; 1 Pedro 1.18–19)*	2. Sigue siendo responsabilidad de los padres ver que sus hijos varones sean capaces de establecer y mantener una familia antes de buscar novia, y que los pretendientes de sus hijas lo sean.

3. Cuando el novio pagaba el precio, el pacto matrimonial era establecido. En ese momento el hombre y la mujer eran considerados esposo y esposa, aunque aún no había ninguna unión física.	3. Cuando Cristo pagó el precio, los cristianos (su novia) fueron declarados santificados, o sea separados exclusivamente para Cristo. *(2 Corintios 11.2; Efesios 5.25–27)*	3. El respetar y respaldar el pacto aún antes de vivir juntos, manifiesta la madurez y comprensión que se tiene del matrimonio.
4. Establecido el pacto, la novia era separada exclusivamente para el novio, luego ambos tomaban de una copa sobre la cual la bendición de compromiso matrimonial era pronunciada.	4. Cristo simbolizó este pacto matrimonial al celebrar la comunión en la última cena. *(1 Corintios 11.25)*	4. El anillo de compromiso ha tomado su lugar, pero la idea sigue siendo la misma: Había una transferencia de vida, un símbolo externo de la unión interna.
5. Luego el novio daba a la novia una carta o dinero, como enfatizando expresamente el pacto y compromiso que los unía en todo aspecto: legal, moral y espiritual (excepto físico) como un matrimonio.	5. Jesús dio a su novia el Espíritu Santo como pago inicial o arras y también le entregó las cartas llamadas Biblia. *(Efesios 1.13–14)*	5. El empezar a intercambiar ideas, conceptos, valores, como ya no es con la idea de conquistar a la pretendida, servirá para preparar las emociones y el entendimiento en cuanto a la vida que les espera.
6. Después de efectuado el pacto matrimonial, el novio dejaba la casa de la novia y regresaba a la casa de su padre. Permanecía allí por un período de 12 meses separado de su novia.	6. Cristo regresó a la casa de su Padre después de pagar el precio y establecer su pacto. *(Juan 17.4–5; 20.17)*	6. Al ejercer autogobierno y abstenerse de estar con la amada para dedicarse a la preparación y logro de los elementos básicos para su esposa y familia, el novio manifiesta verdadero amor. (El tiempo de 12 meses simboliza «gobierno».)

7. Durante este período de separación, la novia preparaba su vestimenta y se preparaba para la vida de casada. El novio preparaba el lugar donde habrían de vivir en la casa de su padre.	7. Cristo está preparando un lugar en la casa de Su padre y la Iglesia se está preparando para el día de la boda. *(Juan 14.2; Efesios 4.11–13)*	7. La vestimenta de la mujer no se refiere a la ropa externa, puesto que «...el lino fino, son las obras justas...» y «...un espíritu afable y apacible...» *(Apocalipsis 19.8; 1 Pedro 3.4)*
8. Después de este período de separación, el novio, su mejor amigo y otros acompañantes, dejaban la casa del padre del novio, generalmente de noche, y conducían una procesión con antorchas a la casa de la novia.	8. Cristo vendrá otra vez y ahora acompañado de una multitud de ángeles. *(Juan 14.3; Apocalipsis 19.11–14)*	8. Siendo el matrimonio un pacto tan serio, es motivo de fiesta para aquellos que comparten el sentir y entendimiento de los novios.
9. La novia esperaba que el novio viniese por ella, pero ella no sabía el tiempo exacto de la llegada, por lo cual, dicha visita era precedida por un grito.	9. De igual manera, nosotros no sabemos el tiempo exacto de la venida de Cristo, por lo cual su venida será precedida por un gran grito. *(1 Tesalonicenses 4.6)*	9. Al estar a tiempo en la ceremonia, lo cual no es la costumbre actual, la novia reconoce su responsabilidad de dejar que el novio sea la cabeza. Lo empieza a honrar y a respetar ante los invitados.
10. El novio recibía a la novia y a sus damas y juntos, continuaban la travesía a participar de la fiesta nupcial.	10. Cristo recibirá a su novia en las nubes y juntos pasarán a celebrar la fiesta de las bodas del Cordero. *(1 Tesalonicenses 4.17)*	10 y 11. Siendo que las primeras experiencias matrimoniales, la llamada «luna de miel», forman una de las memorias más preciadas del matrimonio, debiese celebrarse en el lecho que compartirán por tantos años más.
11. Después, el novio y la novia entraban a la habitación matrimonial y en privacidad tenían relación física por primera vez, consumando así el matrimonio.	11. La unión de Cristo con su Iglesia se efectuará en los cielos, al ser transformados; luego entrarán juntos a la fiesta de bodas y se culminará así la unión. *(1 Tesalonicenses 4.17; Apocalipsis 21.1–4)*	

Por lo general, esos momentos se experimentan en hoteles fuera de casa, lo cual contribuye a asociar el hogar sólo con, cosas como trabajo, responsabilidad, etc., mientras que lo romántico o especial se asocia con salir de la casa.

Si distorsionamos el mensaje que Dios ilustra en una relación, distorsionamos también el carácter que Dios quiere impartir por medio de ese mensaje, por ejemplo:

1. Al distorsionar el mensaje del hogar, estamos instruyendo a los hijos a ser desobedientes e infieles a las otras relaciones, especialmente a la Iglesia, que es una familia en mayor escala.

2. Al actuar incorrectamente con las amistades, jefes, gobierno, etc., estamos enseñando a nuestros hijos para que no sean sinceros ni transparentes en sus relaciones, a ser egoístas e independientes.

3. Al cambiar las normas, los patrones y las condiciones del matrimonio, implantamos en el subconsciente de nuestros hijos que el fin o propósito de la relación es buscar nuestro bienestar. Eso crea el falso concepto de que de Dios sólo debemos esperar felicidad, bienestar, etc. Por lo tanto, al tener que pagar el precio de ser casado o cristiano, no se tiene el equipamiento necesario.

Consideraciones previas al Matrimonio

Es saludable entender que no es menester el casarse.

> *«Quisiera, pues, que estuvieseis sin congoja. El soltero tiene cuidado de las cosas del Señor, de cómo agradar al Señor, pero el casado tiene cuidado de las cosas del mundo, de cómo agradar a su mujer. Hay, asimismo, diferencia entre la casada y la doncella. La doncella tiene cuidado de las cosas del Señor, para ser santa así en cuerpo como en espíritu; pero la casada tiene cuidado en las cosas del mundo, de cómo agradar a su marido. Esto digo para vuestro provecho; no para tenderos lazo, sino para lo honesto y decente y para que sin impedimento os acerquéis al Señor». (1 Corintios 7.32–35)*

Tal parece que el concepto católico romano de los sacramentos ha sido tan implantado en la sociedad, que el pensar en no casarse es como una limitación, como si la persona no fuera completa. Por lo tanto, el joven y la señorita reciben muchas presiones.

a.- De sus compañeros – El joven o la señorita que no tiene o habla de «novios», es considerado como algo raro o fuera de lo normal, como que no ha madurado.

b.- De sus padres – Cuando los jóvenes y señoritas llegan a cierta edad y no parecen estar tratando de casarse, experimentan presión aun de sus propios padres, pues estos consideran que su responsabilidad es casarlos. A ciertos padres—a quienes les he hablado de sus hijos—me responden con cierto orgullo: «Pues yo tengo cuatro hijos, pero ya cumplí porque los casé a todos», como si esa fuera la meta de todo ser humano o lo último a qué aspirar. Es importante, por estas razones y por muchas otras, entender lo que dice la Biblia en relación al noviazgo, compromiso y matrimonio.

Segunda parte

El Noviazgo

En primer lugar, el noviazgo según se entiende y practica hoy en día, no existe en la Biblia.

1. Es necesario entender que la Biblia fue escrita como norma y base de los principios y patrones de vida que Dios estableció para toda la raza humana, no sólo para los judíos. Por lo tanto, no se puede descartar el concepto del noviazgo, compromiso y matrimonio que está en la Biblia. Decir que son sólo costumbres judías, nos llevaría a considerar verdades sumamente vitales como lo son el pacto y compromiso como práctica de los israelitas y sin valor para nosotros.

2. También tenemos que llegar a la claridad de que la Palabra de Dios permanece para siempre y también se aplica a este

tema. Algunas veces, utilizamos expresiones tales como: «en los tiempos de la Biblia», queriendo decir que nos referimos a ese tiempo específico de la historia. Esa expresión es ambigua, pues éstos son los tiempos de la Biblia y mientras no venga el fin, serán los tiempos de la Biblia. Jesús dijo: «El cielo y la tierra pasarán, más mis palabras permanecerán». Eso sería suficiente para respaldar esta enseñanza, pero es nuestra intención el ayudar a entender por qué Dios, en su soberanía y amor, nos deja estas enseñanzas para nuestro bien. Consideremos algunos puntos y opiniones aceptados, generalmente, como válidos.

Supuestas razones que apoyan el Noviazgo *(no bíblicamente, sino según se practica en el mundo)*

Las razones dadas para respaldar esa clase de noviazgo son infundadas y contrarias al concepto bíblico, por ejemplo:

- Se dice que es necesario salir juntos para conocerse mejor y ver si son compatibles.

Es obvio que nadie llega a conocer a nadie en un sentido real, íntimo, aunque salgan juntos por cien años. Pueden conocerse cosas, gustos, hábitos, reacciones y otros rasgos externos, culturales y secundarios, pero no íntimamente, (especialmente cuando uno sabe que lo están examinando y considerando). Pero esa clase de conocimiento se puede adquirir de diferentes maneras, viéndolo actuar bajo la emoción de un evento deportivo, participando en una reunión social, etc., sin necesidad de salir solos, a menos que, los intereses sean otros, no el de conocerse sino el de asumir ciertos derechos sin responsabilidades. Nunca un joven va a recoger a una señorita a su casa para salir a una cita, con su pantalón de mecánico, lleno de grasa o todo sudoroso después de trabajar. Por otro lado, ninguna señorita espera que la lleguen a buscar cuando está con tubos en la cabeza, una falda vieja o la ropa cómoda de estar en casa ... no es necesario expandir el punto.

Además, aunque fuese posible conocer a alguien de esa manera, implicaría que estarían casándose o considerando hacerlo *«apoyándose en su propia prudencia»*, *(Proverbios 3.5)* juzgando por ellos mismos lo que es bueno y malo, *(Génesis 3.5)* ya no dependerían de Dios para hacer algo que Él es el único capaz de hacer. *«La casa y las riquezas son herencia de los padres, más de Jehová la mujer (esposa) prudente.» (Proverbios 19.14)*

Puesto que el matrimonio no es con el fin de unir a un hombre y una mujer, sino con el fin de glorificar a Dios y hacer su voluntad, no es necesario salir con una y otra persona para ver cuál es la mejor o la ideal, sino que es necesario acercarse a Dios y reconocerlo a Él como «Amo, Dueño y Señor», pues Él conoce a todos y sabe quién es idóneo para quién.

Cabe aquí la ilustración del amo que casaba a uno de sus esclavos con una esclava, no porque estos se amaban, se entendían o se conocían ni por ninguna excusa de las encontradas hoy en día para el concepto del noviazgo contrario al patrón Bíblico, sino porque al amo le convenía que este esclavo fuerte y esta esclava joven contrajeran matrimonio y le dieran esclavos fuertes. Suena grotesco, injusto, cruel, etc., pero esa debe ser la motivación principal del matrimonio y de todo lo que hagamos en la vida o ¿acaso aquí no se aplican las palabras de Jesús: *«Niéguese a sí mismo»* y *«Buscad primeramente el Reino de Dios y su justicia»* y las de Pablo: *«Y todo lo que hagáis hacedlo de corazón como para el Señor y no para los hombres»*, *«Hacedlo todo para la gloria de Dios»*, etc.? (Véase Mateo 16.24; 6.33; Colosenses 3.23; 1 Corintios 10.31)

Con esta ilustración no estoy negando la realidad y existencia de esos sentimientos y emociones que surgen entre un hombre y una mujer, lo que estoy tratando de señalar es que deben ser el fruto o efecto de desarrollar relaciones sanas de amistad, no la causa o base del noviazgo.

Es claro que, contrario a los amos mundanos, Dios nos ordena lo que hagamos siempre para darnos lo mejor, pues por nosotros mismos no sabemos qué es lo mejor, y si fe en Dios es poner nuestra vida en sus manos, la decisión de escoger una persona para toda la vida en las circunstancias que sean, realmente requiere que la entreguemos a Dios y nos guiemos por sus instrucciones bíblicas.

Al comparar la ilustración bíblica con el plan redentor de Dios, vemos que Jesús no vino a cortejar a la Iglesia y a salir juntos para ver si se entendían, si se amaban, si eran compatibles, etc. El vino para «hacer la voluntad del Padre». Sin embargo, encontramos un tipo de noviazgo en la relación que el mundo le ofrece a la Iglesia, pues prácticamente le dice: «Ven, salgamos juntos y tengamos un buen tiempo sin compromiso; si no te gusta o crees que no es lo que buscas, no hay problema, tú te vas por tu lado y yo por el mío.»

Algo que tendemos a olvidar muy a menudo es el hecho de que los principios bíblicos funcionan, los entendamos o no, y que, como dije al principio, la enseñanza progresiva nos ha programado a no considerar cada cosa como parte vital de un todo, sino que aisladamente y sin relación. Es por eso que no consideramos en relación al noviazgo la realidad de que nuestro cuerpo es *«templo del Espíritu Santo»* y que *«no somos nuestros, pues fuimos comprados con precio para que glorifiquemos a Dios en nuestro cuerpo», (1 Corintios 6.13–20)* y al presentar nuestro cuerpo para caricias fuera del matrimonio, se está quebrantando esa escritura y se cosecharán los resultados, los cuales no se ven sino hasta después de que dan fruto.

El Amor Protector de Dios

Es necesario ver el amor protector de Dios en todas estas aparentes «restricciones», por ejemplo: Para entrenar a un perro a que no reciba comida de ningún extraño, el amo le ofrece comida con una mano y cuando el perro la está recibiendo, el amo le acaricia la cabeza; después, otra persona contratada con el propósito específico, le ofrece comida y cuando el perro la va a recibir, con la otra mano le da un golpe (con un palo) en la cabeza, esto lo repiten por algunos días hasta que el perro aprende que responder a la motivación del extraño, aun cuando la comida es tentadora, duele mucho y ya no recibe nada del extraño.

Algo semejante hacen con los elefantes para entrenarlos a no irse cuando los atan con algo tan débil como un lazo, pues desde pequeños les ponen cadenas con púas en las patas y cada vez que tratan de soltarse les duele, así que aprenden a no moverse cuando tienen algo amarrado a su pata. ¿Qué tiene que ver esto con el noviazgo? ¡Mucho! Cuando un hombre y una mujer se atraen y salen juntos, es natural que el solo hecho de estar juntos y quizá sólo tomarse la mano produzca en el hombre pasiones sensuales (las cuales no son pecaminosas ni anormales, pues Dios fue quien creó al hombre de esa forma) y su alma querrá expresar esas emociones, pues es el proceso que Dios ha diseñado en el hombre.

Creo que es necesario aclarar y enfatizar aquí antes de seguir adelante, que Dios ha creado a los hombres de tal manera que normalmente responden a los estímulos de la vista y del tacto, esto en sí no es pecaminoso ni carnal; no hay ningún cristiano que no responda de esa manera por la sencilla razón de que así lo diseñó Dios. Entonces, pensar que porque se es un cristiano maduro y con dominio propio ya no se tendrá que confrontar esa situación es un error muy grande y muy peligroso. Bien, regresemos a la ilustración: el hombre sale con la muchacha con muy buenas intenciones de respetarla, entiende que las relaciones sexuales son sólo para el matrimonio, que debe respetar a Dios, a los padres, a la Iglesia y a su futura esposa; todo esto no cambia el diseño de Dios y definitivamente, el estímulo sensual hará acto de presencia. ¿Cuál será la reacción del hombre? Pues como es cristiano, con todo el conocimiento y disposición antes mencionados, refrenará su alma y ejercerá control sobre ella, lo cual le confirmará tanto a él como a ella que, si se aman, si respetan a Dios y si pueden ejercer dominio propio, esto les dará libertad de seguir saliendo y desde luego, la historia se repite una y otra vez hasta el día feliz en que contraen matrimonio.

Los primeros días y meses todo es color de rosa, el gozo de haberse guardado el uno para el otro, los cambios, las adaptaciones, etc., los tienen muy ocupados y emocionados. Pasado ese tiempo, se encuentran con que su relación matrimonial sexual no es tan hermosa como lo habían anticipado y especialmente ella no experimenta el gozo y placer que él parece obtener, pero se aman, no importa eso y siguen felizmente casados. Poco a poco, ella va a sentirse mal y después de mucho tiempo le confesará a su marido, con mucha táctica, con cuidado de no ofender su ego masculino y con mucho amor, que ella no disfruta tanto como quisiera, una indagación la llevará al descubrimiento de que la causa es que él no puede mantener la emoción erótica por más tiempo y como la mujer no responde a los mismos estímulos que el hombre, requiere más tiempo para ser estimulada y ese tiempo es el que su esposo no puede darle emocionalmente. ¿Cuál es el problema? No es que él no la ame, no es que no quiera hacerla feliz, no es que está muy cansado ni nada de eso, es simplemente que durante su noviazgo cada vez que el alma expresaba esos sentimientos y emociones, era apagada por la fuerza de voluntad y dominio propio hasta que fue entrenada a no responder más tiempo para no ser apaleada o dañada como el perro y el elefante de la ilustración previa. El alma fue mal entrenada a no responder a esas emociones porque la metían en problemas.

Si se respetara el principio bíblico de que no somos nuestros y no presentáramos nuestros cuerpos para caricias fuera del matrimonio, no se sufriría esta pérdida de un elemento tan vital en el matrimonio.

Otro ejemplo del amor protector de Dios al no permitir las caricias y relaciones físicas antes del matrimonio, que es lo que caracteriza el noviazgo según se practica en el mundo, es el hecho de que si no todos, la gran mayoría de los problemas matrimoniales tienen como raíz o causa la falta de gozo en la relación sexual y al indagar un poco, se encuentra que el problema se originó en el tiempo de esa clase de noviazgo, ya sea con el que ahora es el esposo o la esposa o con otro novio o novia, pero fue en ese tiempo.

En los casos en que vemos que alguien escogió esposa para sí fuera de lo establecido, es decir, sin dar los pasos mencionados en la página 2 especialmente, la Biblia lo presenta como pecado. Tenemos como ejemplo a Sansón, quien escogió la mujer que le agradaba a él aun cuando era contrario a lo establecido por Dios. También tenemos los benjamitas, quienes contra la voluntad de los padres de las vírgenes las tomaron como mujeres para sí. Ambos casos se encuentran en el libro de Jueces, y es importante notar que este libro termina con estas palabras: *«En estos días no había rey en Israel, cada uno hacía lo que bien le parecía». (Jueces 21.25)*

Esa declaración señala la característica del concepto humanista o mundano del noviazgo, «cada uno buscando su satisfacción, su propia opinión», es decir una relación egoísta en la que se busca la compañía de la otra persona, no por lo que se pueda dar o hacer por ella, sino por lo que ella produce, añade o estimula en uno.

Eso también aclara que la meta o fin que esa clase de relación persigue, es la satisfacción natural no la espiritual. Por lo tanto, conforme se identifican en aspectos que, precisamente por ser «naturales», son comunes para ambos, asumen compatibilidad y se involucran emocionalmente.

El siguiente paso será asumir derecho para intercambiar caricias físicas que, aunque al principio puedan ser sinceras, tiernas y todos los buenos atributos que se le quieran añadir, indefectiblemente, producirán un avance creciente que los llevará a pasar los límites de la prudencia y aunque saben que los avances les llevan a una relaciones y caricias prohibidas, las justificarán diciendo que es porque están enamorados.

Por lo tanto, conviene leer lo que esa clase de enamoramiento es y para que no sea sólo especulación, la Biblia nos presenta un caso específico de enamoramiento, en el libro de 2 Samuel capítulo 13, versículos 1 al 19, veamos sólo unos.

«Absalón hijo de David tenía una hermana hermosa que se llamaba Tamar y aconteció después de esto que Amnón hijo de David se enamoró de ella. Amnón estaba angustiado hasta enfermarse por Tamar su hermana; porque siendo ella virgen, le parecía a Amnón difícil hacerle algo.»

La historia continúa en que un primito le aconseja a Amnón qué hacer para poder saciar su enamoramiento, aunque lo disfrace como sea, es violar a la muchacha y así lo hace, después de poder expresar las pasiones de su enamoramiento, el versículo 15 dice: «Luego la odió Amnón con tal odio, que el odio con que la odió fue mayor que el amor con que la había amado. Y Amnón le dijo: ¡Levántate y vete!»

En el caso de una pareja, la única diferencia es que supuestamente los dos están enamorados. Por lo tanto, esa reacción de repudio no se da de inmediato, pero tarde o temprano se dará, porque «Lo que el hombre sembrare eso también segará». (Gálatas 6.7) No obstante, mientras tanto, la pareja buscará el refugiarse en la soledad, no porque disfruten tanto la compañía el uno del otro, sino porque cada uno desea satisfacer su ego.

Y la característica más grande o más marcada de esta clase de noviazgo, es la de que la gran mayoría no tiene la intención de casarse.

Espero que esto sea suficiente para aclarar el punto: que en la Biblia no existe el noviazgo como se entiende hoy en día. Pasemos ahora a considerar el noviazgo bíblico, conocido por nosotros como «Compromiso».

Tercera Parte

El Compromiso

En segundo lugar, el compromiso bíblico es diferente al compromiso de hoy en día.

Puesto que el hogar es la base de toda institución, el cuidado que la Palabra de Dios pone en preservarlo desde su inicio, es claro.

Como pudimos observar en la comparación del plan redentor con el matrimonio bíblico, desde que el pretendiente habla con el padre de la pretendida, se hace un pacto y se consideran el uno para el otro. Aquí cabe aclarar que desde ese momento se consideran casados a tal grado que la persona comprometida queda sujeta a las leyes de los casados.

Algunos ejemplos bíblicos de esto son los siguientes: en Deuteronomio 22.23–24 dice: *«Si hubiere alguna muchacha virgen desposada con alguno y alguno la hallare en la ciudad, y se acostare con ella; entonces los sacaréis a ambos a la puerta de la ciudad y los apedreareís, y morirán; la joven porque no dio voces a la ciudad y el hombre porque humilló a la mujer de su prójimo.»*

En este texto, la palabra traducida «desposada» es arras, que claramente significa comprometida en matrimonio, lo que quiero mostrar es que, aunque aún no se ha consumado el matrimonio, la mujer ya es considerada casada.

En los versículos siguientes, se puede ver el contraste del juicio sobre una mujer no comprometida: *«Cuando algún hombre hallare a una joven virgen que no fuere desposada y la tomase y se acostase con ella y fueren descubiertos, entonces el hombre que se acostó con ella dará al padre de la joven cincuenta piezas de plata y ella será su mujer, por cuanto la humilló; no la podrá despedir en todos sus días». (Deuteronomio 22.28–29)*

El trato de la soltera o no comprometida es muy distinto al de la comprometida, es una diferencia literal de «vida o muerte». Luego, al comparar esto con el versículo anterior que trata con la mujer casada, se puede ver que no hay diferencia entre ella y la comprometida. *«Si fuere sorprendido alguno acostado con alguna mujer casada con marido, ambos morirán, el hombre que se acostó con la mujer y la mujer también: así quitarás el mal de Israel». (Deuteronomio 22.22)*

Antes de aclarar la razón de esta rigurosa medida en cuanto a los comprometidos, veamos el ejemplo de María, la esposa de José y madre de Jesús. *«El nacimiento de Jesucristo fue así: estando desposada María su madre con José, antes de que se juntaran, se halló que había concebido del Espíritu Santo. José su marido, como era justo y no quería infamarla, quiso dejarla secretamente y pensando él en esto, he aquí un ángel del Señor se le apareció en sueños y le dijo: José, hijo de David, no temas recibir a María tu mujer, porque lo que en ella es engendrado, del Espíritu Santo es.» (Mateo 1.18–20)*

Es claro en el griego, que la palabra desposada tiene el mismo significado que en el hebreo, o sea comprometida o dada para matrimonio y el hecho de que el ángel exhorte a José a recibirla, aclara que aún no vivían juntos, o sea que no se había culminado el matrimonio. Pasemos ahora a ver dos textos del

Nuevo Testamento que aplican esta enseñanza a Cristo y la Iglesia: *«Porque os celo con celo de Dios, pues os he desposado con un sólo esposo, para presentaros como una virgen a Cristo». (2 Corintios 11.2) «Gocémonos y alegrémonos y démosle gloria, porque han llegado las bodas del cordero y su esposa se ha preparado». (Apocalipsis 19.7)*

Esto no requiere mayor explicación, pues es claro que aún no se han celebrado las bodas del cordero, sin embargo, Pablo dice que ya nos desposó con un marido y Santiago llama «almas adúlteras» a los que, conociendo al Señor, o sea, siendo parte de la novia, tienen amistad con el mundo. Sólo queda añadir que como los comprometidos tenían todas las leyes de los casados, si durante ese período entre el compromiso y la consumación del matrimonio el novio moría, la novia lo heredaba tal y como si ya hubiesen vivido juntos y si por alguna razón ya no querían llevar adelante el matrimonio, sin haber de por medio fornicación ni algún pecado de esa índole, se tenían que divorciar como si ya hubiesen vivido juntos.

Desde luego, este divorcio era la disolución del acuerdo entre el padre de la novia y el novio; era un asunto legal ante los ancianos, más que todo para dejar en claro el honor y reputación de la familia, no era un divorcio del matrimonio consumado, pues aún no eran una carne ni habían vivido juntos.

Queda claro pues, que el compromiso bíblico es diferente al que se practica hoy en día y que sólo se debe entrar a esta clase de compromiso cuando se está consciente de todo lo que implica y se está seguro de que es la persona señalada por Dios. Valga la redundancia, este es un período de preparación para consumar el matrimonio, no un período de prueba y en términos de comparación al plan redentor de Dios, no puede existir la opción de no casarse, pues eso implicaría que Jesús puede cambiar de opinión y no llegar a casarse con su desposada o comprometida.

También es necesario repetir que éste es el ideal bíblico y que sí es posible cumplirlo, si en nuestros días no se lleva a cabo y si existe la opción de no casarse, no es porque sea correcto o aceptable el no hacerlo, sino que la razón sigue siendo la dada por

Jesús: «por la dureza del corazón». Podría ser también que, por no dar los pasos previos para establecer el noviazgo correctamente, tales como buscar el consejo, la bendición de los padres y los lineamientos claros de la Biblia o aún por lo engañoso del corazón, no se haya podido preparar a la pareja y ahora, antes de casarse, se dan cuenta de que no entendían todo lo que el matrimonio implica y no se consideren aptos para ello.

Preguntas de consideración a quienes desean casarse

Antes de tocar el matrimonio como punto final, quisiera hacer una pausa para plantear las siguientes preguntas de consideración a los solteros que están considerando casarse y para ello están buscando la pareja que Dios tiene señalada para ellos.

1. El primer requisito que tiene que llenar una persona soltera es ser feliz soltera, pues si no lo es en un estado (de soltería) no lo será en el otro (matrimonio). Un buen ejemplo de esto es Ruth: quedó viuda y no se amargó, sino sirvió fielmente a su suegra; luego sirvió gozosa a Booz y finalmente llegó a ser su esposa. En ella se cumplió el proverbio que dice: *«Todos los días del afligido son difíciles, más el de corazón contento tiene un banquete continuo.» (Proverbios 15.15)*

2. La segunda pregunta que debe contestarse es: ¿Por qué se quiere casar? Algunas de las respuestas más comunes y aceptadas son:

    a. Para encontrar la felicidad
    b. Para salir de la situación en que se encuentra
    c. Porque está buscando seguridad
    d. Por la presión familiar o social

Todas esas razones son erróneas y garantizan, sino un fracaso absoluto, por lo menos gran frustración y una vida difícil. Cabe aclarar aquí que, por ignorancia y tradición, tanto los padres como la sociedad y la religión son responsables de todas estas ideas falsas del matrimonio, pues promueven en sus pláticas, consejos y práctica, la idea de que al matrimonio se va a conseguir algo.

La forma en que los padres aconsejan a los hijos es: «Procura casarte con alguien que te pueda sostener, alguien que te haga feliz», etc. Aún los cristianos en su consejo, lo único que añaden a esas mismas sugerencias es «que sea cristiano», como si eso automáticamente cambiara todo. Al matrimonio no debe irse con la expectativa de recibir, sino de dar. *«El amor no busca lo suyo». (1 Corintios 13.5)* Consecuencia de todas las expectativas que se llevan al matrimonio es la queja constante y la falta de gratitud que hay en los hogares, pues cuando no se satisfacen las expectativas, empiezan los reclamos y cuando se satisfacen, como era lo esperado, no se agradecen y eso enfría la motivación de dar.

3. El tercer requisito que la persona debe llenar es: *«Buscar primeramente el reino de Dios y su justicia»*, o sea que debe saber:

    a. Cuál es la voluntad de Dios para su vida, pues si no lo sabe no puede pedir a alguien que lo comparta, tampoco puede saber si la otra persona es la ayuda idónea para ese fin. No quiero decir con eso que la esposa tenga que ser parte del ministerio, función o profesión del esposo, pero sí debe entenderlo para que no lo resienta, sino que—por el contrario—anime y estimule al esposo. Por ejemplo, la esposa de un doctor que resiente que lo llamen en horas de la madrugada, o la esposa de un militar que sufra porque su esposo es llamado a una misión de varias semanas son ejemplos donde la esposa de doctor, sin ser enfermera ni entender nada de medicina, debe comprender y apoyar la función de su esposo y la esposa del militar, sin participar en absolutamente nada de la milicia, debe estimular, alentar y animar a su esposo.

    b. El hecho de que las dos personas sean cristianas no garantiza nada, pues si uno está llamado a ministrar a un lado en una forma y el otro a otro lado en otra forma, uno de los dos se sentirá frustrado.

    c. La pregunta correcta que debe hacerse no es: ¿Me caso o no me caso? sino ¿Cómo soy más efectivo en el reino de Dios y cómo cumplo su voluntad?

Jóvenes solteros. ¡Atención! Antes de contraer matrimonio:

- Leer Efesios 5.21–33 y 6.1–4 y pregúntense ¿Estaré dispuesto a cumplir con este mandato?

- El matrimonio no es una novela romántica, es una forma práctica de cumplir con el propósito de Dios para su creación (nosotros).

- El compromiso es un tiempo de comunicación seria, quizá habrá expresiones de admiración o elogio, pero estas expresiones verbales no deben convertirse en físicas.

- El matrimonio estable o sólido no se basa en la pasión, la ilusión y la fantasía.

- Colosenses 3.5–6 es un mandato al que deben sujetarse.

- Las conversaciones de los que están comprometidos deberían tocar, entre otros temas, los siguientes:

  ¿Qué entienden por matrimonio?
  ¿Qué es autoridad, sujeción y dirección?
  ¿Qué es dejar padre y madre y ser proveedor?
  ¿Qué hay acerca del carácter, decisión, honradez y moralidad?
  ¿Qué hay de 1 Corintios 13.5? ¿Es sensible a los principios, sentimientos e intereses del otro?

- Si desea conocer al otro haga preguntas sencillas, apropiadas y comparativas.

- Estamos en el mundo, más Dios nos guarda de él, sin embargo, se pueden tratar los temas: cristianismo, hijos, parientes políticos, finanzas, residencia, etc.

¡Atención! La experiencia nos indica que después de casados no hay reformas posibles, por ello se debe vivir, sentir y practicar 2 Corintios 6.14–18.

Cuarta Parte

El Matrimonio

El salmista plantea esta pregunta en el Salmos 11.3: *«Si fuesen destruidos los fundamentos ¿qué ha de hacer el justo?»* Jesús también aclaró que edificar sobre un fundamento falso o inseguro era exponerse a la ruina. *(Mateo 7.24–27)* La razón por la cual menciono esto, es porque el hogar es la base para toda otra organización y es el centro de atención en los requisitos que en la Biblia encontramos para los siervos y siervas de Dios. Satanás conoce esto, por eso es que su ataque concentrado es al hogar y comienza desde el noviazgo, para que cuando se casen no vayan con el potencial de ser y dar todo lo que Dios desea para el matrimonio. Quiero repetir que el matrimonio no debe considerarse aislado de las demás experiencias y relaciones que desde la niñez se han tenido, pues todas ellas harán acto de presencia aun cuando no se piense así y si no hay una renovación de entendimiento, afectarán la relación matrimonial como «causas desconocidas» para las que no habrá solución.

El Matrimonio no es solamente…

Para entender mejor lo que es el matrimonio, comencemos por ver lo que NO es y de esa manera, removeremos de nuestra mente las preguntas típicas que suelen surgir con este tema.

1. La primera cosa que el matrimonio no es solamente, pero que es la causa de la mayoría de matrimonios es unión sexual, basada en una mala interpretación de que «los dos serán una sola carne». El sexo es algo hermoso que Dios dio al matrimonio para disfrutarse con su bendición en la santidad del lecho matrimonial, pero tener relaciones sexuales antes del matrimonio no implica automáticamente que se tienen que casar: entiéndase esto: LA RELACIÓN SEXUAL NO HACE UN MATRIMONIO, NO ES LA META DEL MATRIMONIO Y NO EXTIRPA LA PECAMINOSIDAD DE LA FORNICACIÓN, NI LIMPIA LA CONCIENCIA.

Por lo general, los que se casan después de haber fornicado, lo hacen con la idea de salvar la situación, de salvar el honor de la muchacha o de sus padres. Aquí también hay necesidad de renovar el entendimiento con la Palabra de Dios, pues aún muchos cristianos tienen ese concepto, por lo cual tomaré un poco de espacio aquí para aclarar algo del concepto bíblico. Entre los requisitos que debe haber para casarse, la pareja debe buscar la aprobación de sus padres, pues Dios pone en los padres la responsabilidad de enseñar y equipar a sus hijos para la vida, los padres estarán en mejor condición de juzgar si el pretendiente puede y está capacitado moral, emocional y espiritualmente para asumir la responsabilidad de un hogar. En la comparación de la boda con el plan redentor, vimos que el pretendiente llega al padre y con él aclara las condiciones del matrimonio.

Regresando al tema de la fornicación, ¿qué debe hacerse si la hija ha pecado y el hombre viene a decir que está dispuesto a casarse? Pongámoslo aún más fácil: él dice que la ama, que no es sólo por salvar su honor ni porque ya tuvieron relación sexual. ¿Qué dice la Biblia? Es cierto que en Deuteronomio 22.28–29 dice *«...que como la humilló, dará al padre 50 piezas de plata y se casará con ella y no se podrán divorciar por nada»*, pero esto es sólo un resumen de algo que se explicó en Éxodo 22.16–17: *«Si alguno engañare a una doncella que no fuere desposada y durmiere con ella, deberá dotarla y tomarla por su mujer. Si su padre no deseara dársela, él pesará plata conforme a la dote de las vírgenes.»* El punto que estoy ilustrando es que, si ya se pecó al tener relaciones sexuales fuera del matrimonio, eso no debe ser razón suficiente para exponer a la hija a una vida miserable.

Los padres deben asumir la responsabilidad por no haberle enseñado los caminos del Señor, haber permitido noviazgo, etc. Sin embargo, al suponer que los padres han hecho su parte y la hija fue seducida, aun así, la responsabilidad del padre es ver si ese hombre entiende lo que debe ser el matrimonio y aunque diga estar enamorado, necesita primero entender qué es lo que Dios espera de los casados. De no ser así, el padre haría mejor en no dar a su hija en casamiento. Dicho esto, enfatizo que el matrimonio no lo hace la relación sexual.

2. La segunda cosa que el matrimonio no es solamente y quizá sea lo más difícil de aceptar por las iglesias, es que el matrimonio no es un acto o rito religioso. En otras palabras, no sólo los católicos sino aún los evangélicos piensan que para que una pareja esté casada, deben realizar una ceremonia matrimonial en una iglesia. De allí que muchos casados sólo por lo civil no se sienten que están verdaderamente casados. Aquí cabe repetir lo que dije al principio de la educación progresiva, que presenta todas las cosas aisladas una de la otra, ya que si se acepta que una tribu africana, que no tiene iglesia católica ni evangélica, pueda casar a los nativos conforme a sus creencias y se aceptan como casados, aunque no lo hicieron en una iglesia católica o evangélica, llenaron los requisitos de su tribu y son aceptados por la sociedad.

3. El matrimonio no es solamente un evento social. Los hijos de ambas familias se unen en matrimonio para mantener las relaciones y el nivel social, en otros casos solo por tradiciones familiares. Veamos ahora lo que es el matrimonio bíblico.

Lo que es el Matrimonio

El matrimonio bíblico es exactamente un pacto delante de Dios y el cónyuge, o sea que es un pacto entre tres personas, no sólo entre dos y como Dios es un Dios que «guarda el pacto» *(1 Reyes 8.23)* y que permanece fiel aun cuando nosotros fuésemos infieles *(2 Timoteo 2.13)* eso le da una importancia de compromiso muy grande que debe considerarse seriamente a la luz de las escrituras y no a la luz de la sociedad y las ideas de los hombres. Veamos algunos textos que ilustran el matrimonio como pacto: *«Serás librado de la mujer extraña, de la ajena que halaga con sus palabras, la cual abandona al compañero de su juventud y se olvida del PACTO DE SU DIOS, por lo cual su casa está inclinada a la muerte y sus veredas hacia los muertos.» (Proverbios 2.16–18)* Nótese que al pacto matrimonial se le llama Pacto de Dios. Sólo quiero ir enfatizando que el matrimonio no es un evento de hombres solamente, sino que incluye a Dios. *«Y otra vez haréis cubrir el altar de Jehová con lágrimas, de llanto y de clamor; así que no mirará más a la ofrenda para aceptarla con gusto de vuestra mano. Mas diréis ¿por qué? Porque Jehová ha atestiguado entre ti y la mujer de tu juventud, contra la cual has sido desleal, siendo ella tu compañera y la mujer de tu PACTO.» (Malaquías 2.13–14)* Nótese una vez más que Dios testifica del pacto entre el hombre y la mujer.

Es importante notar que en Proverbios le llaman *«el pacto de tu Dios»* y en Malaquías *«tu pacto»* aclarando, de este modo, lo que dije al principio: que el pacto no es sólo entre el hombre y la mujer, sino que Dios también toma parte en él. Ahora bien, hay distintas clases y formas de pacto, así que conviene aclarar que este pacto es oral y es después que se consuma físicamente.

En la Biblia, no tenemos ninguna ceremonia de la boda actual, por lo tanto, sólo puedo tomar como ejemplo lo que llamo la primera boda. Desde luego, me refiero a Adán y Eva. Notemos que es Dios quien toma la iniciativa en traer la novia al novio y luego el novio declara delante de Dios y su novia el pacto matrimonial. «Dijo entonces Adán: esto es AHORA hueso de mis huesos y carne de mi carne». Se puede argumentar que él dijo eso porque la mujer fue formada de su costilla, pero eso sólo explicaría «hueso de mis huesos». Además, en el siguiente versículo añade: *«Por tanto, dejará el hombre a su padre y a su madre y se unirá a su mujer y serán una sola carne.» (Génesis 2.23–24)* El punto que yo presento, el cual está en armonía con la ilustración del matrimonio y el plan redentor, es que en el momento que Adán habló de su pacto, declaró que desde ese momento eran ya una sola carne, sin que se consumase el acto matrimonial físico.

En otras palabras, el poder del matrimonio es el pacto entre esas dos personas delante de Dios, la forma puede variar, pues en algunos lugares no hay boda civil, en otros tal vez es un rito cultural. En fin, la forma no es lo que cuenta, sino que en todo caso existe un pacto entre la pareja y Dios.

Puesto que el matrimonio es un «pacto», es necesario entender lo que es un pacto bíblico. *«Cuando alguno hiciere voto a Jehová o hiciere juramento ligando su alma con obligación, no quebrantará su palabra. Hará conforme a todo lo que salió de su boca». (Números 30.2) «Cuando haces voto a Jehová tu Dios, no tardes en pagarlo, porque ciertamente lo demandará Jehová tu Dios de ti y sería pecado en ti. Mas cuando te abstengas de prometer, no habrá en ti pecado, pero lo que hubiere salido de tus labios, lo guardarás y lo cumplirás conforme lo prometiste a Jehová tu Dios, pagando la ofrenda VOLUNTARIA que prometiste con tu boca». (Deuteronomio 23.21–23) «Lazo es al hombre hacer apresuradamente voto de consagración y después de hacerlo, reflexionar.» (Proverbios 20.25)*

En estos fragmentos, podemos ver que el voto, la promesa o pacto, es una declaración oral VOLUNTARIA, la cual Dios toma en serio y desde ese momento la declara válida y CIERTAMENTE LA DEMANDARÁ del hombre. Por lo tanto, una vez consumado un pacto, no debe parar y pensar si fue la decisión correcta o no, pues eso sólo le será LAZO. Una vez hecho el pacto es declarado irrevocable. *«Cuando a Dios haces promesa, no tardes en cumplirla, porque Él no se complace en los insensatos. Cumple lo que prometas. Mejor es que no prometas y no que prometas y no cumplas. No dejes que TU BOCA TE HAGA PECAR, ni digas delante del ángel FUE IGNORANCIA. ¿Por qué harás que Dios se enoje a causa de tu voz y que destruya la obra de tus manos? Donde abundan los sueños, también abundan las VANIDADES Y LAS MUCHAS PALABRAS; más tú, TEME A DIOS.» (Eclesiastés 5.4–7)* Quisiera llamar la atención a la severidad del pacto.

En esta parte, aclara que no hay excusas para echarse atrás de un pacto. No se puede apelar diciendo que fue ignorancia, que eran muy jóvenes y no sabían lo que hacían, que estaba pasado de copas cuando lo dijo o cualquier otra excusa. Una vez consumado el pacto matrimonial, no hay forma de arrepentirse delante de Dios, así que lo mejor es ni siquiera considerar otra alternativa y aceptar la dirección bíblica: «CUMPLE LO QUE PROMETES». Nótese también que donde ABUNDAN LOS SUEÑOS, o sea donde se han leído muchas novelas de amor o donde se cree en el príncipe azul del caballo blanco o en la bella durmiente, etc., se corre el peligro de caer primero en palabras y luego en una situación difícil, es mejor TEMER A DIOS, o sea reconocerle a

Él y saber que nuestra vida y futuro está en sus manos y que, si dejamos nuestras expectativas al Señor, Él nos brindará lo mejor.

Quiero presentar un caso clásico de lo que el pacto significa para Dios. En esta experiencia se ilustra claramente lo que es hacer un pacto, promesa o voto sin consultar a Dios y apoyarse en circunstancias aparentes. En realidad, es un pacto que se consigue con engaño y premeditación.

La historia se encuentra en los capítulos 9 y 10 del libro de Josué. Será necesario leerla para entender el punto que estoy presentando y notar los siguientes puntos: en los versos 3 y 4 dice que los gabaonitas usaron la astucia y fingieron o sea que abiertamente engañaron a Josué para que hiciese pacto con ellos. Recordemos aquí que Dios ya había ordenado a Josué—por medio de Moisés—que no hiciera alianza con ninguna de esas naciones y hasta que las destruyera sin misericordia, o sea que cuando Josué fue engañado para hacer pacto, estaba yendo en contra de la voluntad de Dios. En los versos 17 y 18 dice que después de 3 días, se dieron cuenta de que habían sido engañados. La pregunta es: ¿Es válido un pacto aun cuando se hizo por engaño? Más importante todavía ¿qué piensa Dios de eso? Los versículos 19 y 20 aclaran que no podían quebrantar el pacto y tuvieron que honrarlo. Demos lugar a que la seriedad de esto se haga real para nosotros, consideremos ciertas cosas que son contrarias a nuestra mentalidad religiosa.

Primero, en el orden espiritual hay prioridades. En este caso, era una prioridad obedecer la ley del pacto aun cuando no era lo que Dios les había dicho a los israelitas que hicieran, es como comparar la ley de gravedad, la cual dice que todo lo que sube debe bajar, con la ley de la aerodinámica, que cuando es aplicada por un avión, sobrepasa la ley de gravedad. Ambas son leyes y están funcionando al mismo tiempo, pero una está por encima de la otra. Regresando a nuestra ilustración del pacto, podemos decir que éste es como la aerodinámica y que es una ley que sobrepasa a muchas otras. Es un pacto tan serio que no sólo no podían exterminar a los gabaonitas, sino que en el capítulo 10 versículos 6 y 7 explica que ahora el pueblo de Israel tenía que exponer su vida para defender a los gabaonitas. Quiero concluir la explicación del pacto con lo que pasó en 2 Samuel 21.1–3. Ya habían pasado muchos años, la gente que había hecho el pacto estaba muerta, quizá ni tenían conocimiento del pacto, pero Dios lo sabía y lo guardaba a tal grado que cuando el rey Saúl quiso matar a los gabaonitas, lo cual era contra el pacto, Dios castigó al pueblo. Con esta breve explicación, espero dejar claro que el matrimonio es un pacto y que Dios es un Dios que guarda el pacto.

El Propósito del Matrimonio

Conviene recordar que este propósito lo estamos considerando desde la perspectiva de Dios, no de los hombres, por lo cual mantengamos la claridad de lo que dijimos antes. Por ejemplo, que la meta no es la felicidad de los cónyuges, que es una función limitada al presente, etc.

«Y puso Adán nombre a toda bestia y ave de los cielos y a todo ganado; más para Adán no se encontró ayuda idónea para él.» (Génesis 2.20) De la palabra *idónea* el diccionario dice: «adecuada, apta, con buena disposición». En resumen, la ayuda idónea implica que, para cumplir con los propósitos específicos, Dios diseñó a la mujer con los elementos necesarios para complementar al hombre. Es importante notar que, desde su creación, la mujer es llamada a complementar, a ayudar al hombre. Su función es de apoyo y no de liderazgo. Alguien ilustraba esto con el ejemplo de partir varias naranjas por la mitad y luego buscar entre todas ellas la mitad que es adecuada para cada una. Aunque todas pueden ser naranjas del mismo árbol, sólo habrá una mitad que complementará de forma adecuada a otra para formar un todo o una unidad completa. De igual manera, aunque todos somos seres humanos, quizá de la misma nacionalidad, de la misma fe, de la misma iglesia, del mismo grupo, etc., Dios ha diseñado para aquellos que son llamados a casarse, una ayuda idónea y nótese al seguir esta ilustración, que la ayuda será en muchos casos lo opuesto a nosotros, complementando así lo que nos hace falta.

Saquemos conclusiones: si Dios creó a la mujer como ayuda es porque el propósito del matrimonio es cumplir en la mejor forma con el propósito de Dios, que como ya vimos, es ilustrar su plan redentor. Aquí deseo poner énfasis a algo muy interesante y son los tipos o sombras de los mensajes bíblicos.

El ejemplo que quiero presentar es el de Moisés y la roca, que se encuentra en Números 20.7–12. En esta porción, Dios instruye a Moisés a hablar a la roca, pero Moisés, quien ha montado en cólera contra el pueblo, golpea la roca con su vara, lo cual no le pareció nada malo, pues lo había hecho anteriormente en Éxodo 17.6, cuando el pueblo tuvo sed. Aparentemente, sólo repetía la misma acción, no había ninguna diferencia. Sin embargo, Dios lo reprendió a tal grado que no le permitió entrar a la tierra prometida, a pesar de que Moisés había sido fiel en todas las demás cosas que Dios le había ordenado. La pregunta es ¿Por qué Dios no dejó entrar a Moisés a la tierra prometida después de golpear la roca? La respuesta nos la da Pablo en el Nuevo Testamento en 1 Corintios 10.4: *«… y la roca era Cristo»*. En otras palabras, la roca era símbolo, tipo, sombra de Cristo. La primera vez, tuvo que ser herida para saciar la sed del pueblo, pues Cristo tuvo que ser herido para convertirse en el agua viva que saciase la sed del pecador, pero Cristo fue herido una sola vez y no hay que herirlo otra vez, sino venir ante Él y pedirle del agua viva. Cuando Moisés hirió por segunda vez la roca, distorsionó el tipo o sombra y no santificó al Señor. Por consiguiente, Moisés sufrió las consecuencias a pesar de que ignoraba el tipo o sombra y por no haber seguido las instrucciones que se le dieron.

¿Qué tiene que ver esto con el matrimonio? Mucho. En el Nuevo Testamento encontramos el cumplimiento de los tipos o sombras del Antiguo Testamento que se refieren a Cristo. Por ejemplo: el cordero pascual, el maná, el agua de la roca, el tabernáculo, etc., pero el Nuevo Testamento habla de otro símbolo de Cristo y hasta donde yo recuerdo, es el único tipo o sombra de Cristo que se menciona y que requiere participación activa del ser humano.

En los tipos del Apocalipsis, por ejemplo, Jesús dice que Él es el León de Judá, la estrella resplandeciente de la mañana, etc., eso es así sin importar qué haga o qué no haga el ser humano.

Ahora bien, en la ilustración que el Apóstol Pablo nos presenta de Cristo en el Nuevo Testamento, sí se requiere de la participación humana para su digna representación y ese tipo o sombra es el matrimonio, así como Dios rechazó corderos que le sacrificaban porque no llenaban los requisitos específicos que Él ordenó y así como no dejó entrar a Moisés a la tierra prometida por distorsionar el mensaje, tenemos que entender que muchos matrimonios, hoy en día, no están «entrando a las bendiciones prometidas» por Dios y no están experimentando los beneficios de la relación familiar aun cuando sean sinceros y estén tratando de ser lo mejor que creen; pero se encuentran ofreciendo a Dios corderos con defectos y quizá golpeando a la roca de forma ignorante.

Es por eso que es necesario entender la comparación que Dios hace entre el matrimonio de Cristo con la Iglesia. Una aplicación de «corderos sin defecto» puede ser cuando el hombre cambia o interpreta su función de sacerdote y cabeza de la casa como «el que paga los gastos, no malgasta el dinero en francachelas, provee ropa y útiles escolares a sus hijos, etc.». Todo eso, aunque es parte de ser esposo y padre, no llena ni la menor parte de lo que significa ser sacerdote de su casa. Por otro lado, si la mujer cree que con «cocinar, planchar, lavar y cuidar la casa» ya es una esposa completa y no cuida sus emociones, su carácter y temperamento, sentirá que «merece» que su esposo e hijos la traten mejor y eso será equivalente a «golpear la roca» en lugar de hablarle.

Quinta Parte

El Esposo

En Efesios 5.22–23 se presenta la relación y función del matrimonio. El hombre, esposo como Cristo.

«Maridos, amad a vuestras mujeres, así como Cristo amó a la Iglesia y se entregó a sí mismo por ella, para santificarla, habiéndola purificado en el lavamiento del agua por la palabra, a fin de presentársela

a sí mismo como una Iglesia gloriosa, que no tuviese mancha ni arruga ni cosa semejante, sino que fuese santa e inmaculada. Así también los maridos deben amar a sus mujeres como a sus mismos cuerpos. El que ama a su mujer, se ama así mismo. Porque nadie aborreció jamás a su propia carne, sino que la sustenta y la cuida, como también Cristo a la Iglesia, porque somos miembros de su cuerpo, de su carne y de sus huesos. Por esto dejará el hombre a su padre y a su madre, se unirá a su mujer y los dos serán una sola carne.» (Efesios 5.25–31)

«Amar… como Cristo a la Iglesia» ¿Qué hizo Cristo?

1. **La amó cuando no era Iglesia**, más Él se propuso hacerla Iglesia. Jesús habla positivo de la Iglesia, provee los medios para los cambios que requiere, mantiene su cuadro de fe—o sea que ve a la Iglesia como «santa, sin mácula, ni arruga ni cosa semejante». De igual manera, los esposos deben amar a sus esposas aun cuando ellas no actúen todavía como «mujeres virtuosas» deben hablar positivamente de ellas, pues esto es parte de la función sacerdotal: hablar bendición sobre los que ministramos. El esposo que habla mal de su esposa, en realidad está hablando mal de sí mismo, pues él la escogió y la pidió para que fuese uno con él. Si se piden cambios a la esposa, hay que proveer los medios para que ella cambie o llene los requisitos que se le piden. Por ejemplo, Jesús le pide a la Iglesia que se despoje del viejo hombre, pero le da gracia para hacerlo. De igual manera, si el esposo quiere que la esposa cambie algo físico o material como la ropa, comida, etc., tiene que proveer los medios materiales como dinero; si le pide que haga cambios emocionales, de actitud de carácter, tiene que proveerle la seguridad, la motivación y el apoyo espiritual para que lo haga.

2. **Santificarla**, o sea separarla del mundo para Él. La santificación requiere de algunos pasos y entendimiento:

   Primero: Jesús nos santificó totalmente para con el Padre por Su sangre: esto es el área del *espíritu.*
   Segundo: Nos está santificando progresivamente en nuestras relaciones por medio de Su Palabra: esto es el *alma.*

Tercero: Nos santificará completamente cuando venga por nosotros y nos transforme: esto es el *cuerpo.*

De igual manera, el esposo tiene que entender que amar a la esposa no significa aguantarla pacientemente y soportar sus defectos y fallas, pues tiene que aceptarla como es, eso sería como pedir a Cristo que nos acepte con nuestros pecados y carnalidades, pues Él nos amó así, por lo tanto, no tiene derecho a pedirnos que cambiemos. Veamos la aplicación de la santificación a la relación del esposo.

Primero: Debemos santificar totalmente a nuestras esposas para Dios, en nuestro corazón. Dejar claro y sin la menor duda que las recibimos como la ayuda idónea que Dios nos dio y no debemos dar lugar a pensamientos contrarios ni considerar opciones. En el espíritu, somos uno para siempre.
Segundo: Debemos trabajar en separar a nuestras esposas en el área del alma, o sea ayudarlas a cambiar actitudes, emociones, sentimientos y carácter. Esto implica que el amor también requiere ejercer autoridad y disciplina, no sólo dar y dar como lo hacen los abuelos y los padres que no corrigen a sus hijos. El esposo como sacerdote, para santificar a la esposa, debe instruirla en la Palabra, debe ayudarle especialmente en las áreas débiles de la mujer, como oír y contar chismes, dejarse llevar por las emociones en casos de disciplina, competir con el ministerio del esposo, compararse con otras mujeres, etc.
Tercero: La meta es llegar a tal identificación que no haya diferencia y ambos sean uno en todo; que en realidad se conozcan y busque cada uno cómo agradar al otro.

3. **Presentársela a sí mismo**: Esto es muy importante y el no acatarlo produce demasiada presión y problemas innecesarios en el matrimonio.

Cristo no está tratando de satisfacer al mundo ni al diablo, ni a la carne. No está luchando para conseguir su aprobación y para ello pone a la Iglesia en un programa intensivo para que no lo avergüence. En otras palabras, Cristo tiene un ideal propio para su Iglesia y en él trabaja, tratando sólo de agradar al Padre y sabiendo que es lo mejor para la Iglesia. No está tratando de igualarla o evaluarla de acuerdo a lo que distintas religiones o denominaciones dicen que la Iglesia puede o no puede hacer. Para Cristo Jesús, la Iglesia es y hace lo que es grato a los ojos del Padre y a los ojos de Él y eso es lo que cuenta. Los esposos necesitan primero ser libres del molde del mundo para poder resistir la presión que el mundo, la religión, la carne y el diablo les impondrán en cuanto al ideal de lo que debe ser una esposa. O sea que los esposos no deben estar comparando a sus esposas con el mundo, llámese gusto de los suegros, la moda o lo que sea, pues eso es un modelo falso a imitar; tampoco debe presionar a la esposa a que llene el molde de la religiosidad.

Aquí quisiera aclarar que este patrón o molde religioso es el que más impide que los esposos no creyentes se decidan a rendirse a Cristo, ya que lo que ven en sus esposas los aleja, pues en lugar de recibir una mejor ayuda idónea por estar supuestamente caminando más cerca de Dios, lo que reciben es crítica por sus limitaciones o censura por no ser lo que Dios dice y muchas veces, competencia con las actividades de la Iglesia. Desde luego, tampoco existe un ideal universal físico con el cual compararla. «Miss Universo» es un fraude diabólico para minar la santidad del hogar y los esposos que no son lo suficientemente maduros para tener un ideal propio que agrade a Dios para trabajar en armonía con la Palabra. Para presentarse a sus esposas ellos mismos llenando este ideal, se verán como las ondas del mar, llevadas de aquí para allá por las distintas opiniones de lo que la esposa debe ser y hacer.

4. **A sí mismo se ama**: Es necesario saber que la paz y la felicidad de la esposa redunda en la paz y la felicidad del esposo, pues Dios nos ve como uno solo y ordena las cosas y las circunstancias de tal manera que ambos experimenten lo mismo. Por ejemplo, si le grita a la esposa, no es difícil encontrar un jefe gritón. Si llega al hecho de golpearla, no dude que tarde o temprano cosechará lo que sembró y recibirá una paliza. El mayor problema con esto es que como no pasa

5. exactamente igual o viene de la misma fuente, se tiende a pensar que son eventos aislados uno del otro; pero Dios declara que el que ama a su esposa y la trata bien, cosechará el fruto de amarse a sí mismo.

«Vosotros, maridos, igualmente, vivid con ellas sabiamente, dando honor a la mujer como a vaso más frágil y como a coherederas de la gracia de la vida, para que vuestras oraciones no tengan estorbo.» (1 Pedro 3.7)

«Igualmente» se refiere al contexto de 1 Pedro 2.11–25, «*sabiamente*»: *«El principio de la sabiduría es el temor de Jehová»* y *«El temor de Jehová es aborrecer el mal.»* En otras palabras, esto implica tener principios y convicciones bíblicas que gobiernen la vida del esposo y aseguren a su esposa que nada ni nadie hará que él cambie esas convicciones «bíblicas», o sea, que no es un hombre de doble ánimo, que cambia para acomodarse a las circunstancias en cuanto a principios bíblicos se refiere. Esto nos capacita para darles honor como a vaso más frágil. Al pensar en la esposa como vaso frágil, debe venir a nuestra mente el cuadro de un vaso fino, delicado y caro. Algo que nos causa gozo poseer, mostrar y, sobre todo, algo que no dejamos al alcance de los niños. Esta es un área muy especial, pues la tendencia de la mayoría de los padres es mandar a los niños a que la madre los atienda y así quitárselos de encima. Eso es incorrecto, si los niños son carga o presión para nosotros los padres, es nuestra responsabilidad corregirlos y disciplinarlos para que no pongan esa carga y esa presión en el vaso más frágil, pues si lo quiebran será peor para nosotros. Muchas son las parejas que se dejan dividir por los hijos. El concepto bíblico es que los hijos vienen y se van, pero los esposos son el uno para el otro siempre. Por lo tanto, si hay que elegir entre los hijos y el cónyuge, es «sabio» escoger al cónyuge.

5. **Coherederas de la gracia**. «Gracia» es el deseo y el poder que Dios nos da para hacer su voluntad y lo que es correcto. Por lo tanto, es necesario que entendamos que a los casados se nos ha extendido una cuenta celestial, donde se ha depositado a nuestro favor «todas las bendiciones espirituales en las

regiones celestes» y para girar legalmente un cheque debe llevar dos firmas: la del esposo y la de la esposa, pues somos coherederos, lo que implica que uno solo no puede heredar ni recibir sin el otro. Vale la pena ampliar aquí que la mujer es partícipe del ministerio del hombre y que ante los ojos de Dios es tan importante uno como el otro.

Por consiguiente, la mujer no debe sentirse inferior o en un segundo plano, pues es coheredera. La siguiente declaración lo hace más claro. Vuestras oraciones: una de las mayores funciones del sacerdocio es estar delante de Dios intercediendo por el pueblo, presentando sus ofrendas y sus peticiones, así como sus acciones de gracias, sus alabanzas, etc. Si el sacerdote no estaba santificado al venir a la presencia de Dios, caía muerto y desde luego, sus oraciones no eran oídas. El esposo puede cuidar su lectura bíblica, su preparación de pláticas, su ministerio o su responsabilidad en el trabajo, pero si su relación con su esposa no camina por el sendero correcto, eventualmente todo lo demás se vendrá abajo, pues el requisito que se presenta claramente en esta porción es que las oraciones no serán escuchadas si no está bien la relación matrimonial.

Antes de ver la parte de la esposa, conviene que recordemos que esta comparación es la de Cristo y la Iglesia. Por tanto, todo lo que dijimos del esposo es lo que Cristo dice y hace con la Iglesia. Él actúa sabiamente al mostrar a la Iglesia que Él es el mismo que fue ayer, hoy y por los siglos venideros; que no cambia su posición con el tiempo ni la cultura, lo cual da confianza y seguridad a la Iglesia. Cristo honra a la Iglesia como vaso más frágil al no permitir que *«sea tentada más de lo que puede soportar y juntamente con la tentación da la salida»*. Cristo ha hecho a la Iglesia coheredera con Él, por lo tanto, *«Todo lo que Él ató en los cielos, la Iglesia debe atarlo en la tierra y todo lo que Él desató en los cielos, la Iglesia debe desatarlo en la tierra.»* También manifiesta a la Iglesia como coheredera en el hecho de darle su nombre para usarlo, como si fuese Él mismo.

En cuanto a Jesús *«viviendo eternamente para interceder por los santos»*, sus oraciones son contestadas por lo que hizo primero por la Iglesia.

La Esposa

«Las casadas estén sujetas a sus propios maridos, como al Señor; porque el marido es cabeza de la mujer, así como Cristo es cabeza de la Iglesia, la cual es su cuerpo y Él es su Salvador. Por lo tanto, como la Iglesia está sujeta a Cristo, así también las casadas lo estén a sus maridos en todo.» (Efesios 5.22–24)

1. **Sujetas como al Señor**: Generalmente, al hablar de sujeción, la mujer se deja manipular por el molde del mundo que considera que estar sujeto es igual a ser esclavo o estar limitado, por lo cual solo aclararé por qué la Iglesia se sujeta a Cristo. En primer lugar, para recibir estabilidad y fructificar; Jesús dice que al estar sujetos a Él, *«Nada nos puede arrebatar de su mano o separarnos de su amor.»* También dice que sujetos a Él, podemos llevar mucho fruto. Sin embargo, *«separados de Él, nada podemos hacer.»* Por otro lado, la Iglesia se sujeta aun cuando no entiende todo, sabiendo que la obediencia es mejor que el sacrificio. De igual manera, las casadas al estar sujetas a sus maridos, reciben estabilidad y pueden manifestar el fruto y los dones que el Espíritu Santo les dé, pues no depende del marido sino de Dios quien honra su obediencia a Él. Aun cuando, a veces, parezca ilógico someterse al marido, es mejor obedecer a la Palabra de Dios que enfrentar el sacrificio. Sólo quiero aclarar que la sumisión de la mujer no es obediencia ciega, implica responsabilidad e iniciativa para ser la ayuda idónea que debe ser.

2. **Él es su Salvador**: Jesús es el Salvador de la Iglesia y la misma palabra que significa salvación también significa sanidad, libertad, prosperidad. Es importante notar que una mujer sujeta al marido puede recibir y mantener su salud, paz y prosperidad más fácilmente que la que justifica su falta de sumisión diciendo que el marido no es espiritual o cualquier otra cosa.

Veamos ahora 1 Pedro 3.1–6 y comparémoslo. *«Asimismo vosotras, mujeres, estad sujetas a vuestros maridos para que también los que no creen en la Palabra, sean ganados, sin palabra, por la conducta de sus esposas, considerando vuestra conducta casta y respetuosa. Vuestro atavío no sea el externo de peinados ostentosos, de adornos de oro o de vestidos lujosos; sino el interno, el del corazón, el incorruptible ornato de un espíritu afable y apacible, que es de gran estima delante de Dios. Porque así también se ataviaban en otro tiempo aquellas santas mujeres que esperaban en Dios, estando sujetas a sus maridos; como Sara obedecía a Abraham, llamándole señor; de la cual vosotras habéis venido a ser hijas, si hacéis el bien, sin temer ninguna amenaza.»*

1. **Asimismo**: Es la continuación del capítulo 2, versos 18 en adelante, puesto que esta carta no fue escrita en capítulos y versículos, será muy importante que se lean y se unan con el primer versículo del capítulo 3. De esta forma, veremos que Pedro dice que la mujer debe tener la misma actitud de Cristo al sufrir injustamente.

2. **Sin palabras, por conducta**: Se puede ser sujeta en no hablar, pero con la conducta estar echando por tierra el testimonio. Hay varios proverbios que expresan lo terrible que es tener que estar oyendo las quejas de una mujer continuamente. En Proverbios 19.13 la compara con una *«gotera continua»*, en 21.9 dice que, *«es mejor vivir en el rincón de un terrado, que con una mujer rencillosa en una casa espaciosa»* y lo expande en el verso 19, luego en el capítulo 27 y versículo 15 une los dos pensamientos: *«Gotera continua en tiempo de lluvia y la mujer rencillosa, son semejantes.»* La mujer sabia cuidará de vivir su fe de tal manera que el esposo no resienta su «religiosidad», sino que sea retado por su conducta.

3. **Conducta casta y respetuosa**: Una de las cosas que facilitaría a la mujer cumplir este requisito es aprender a diferenciar entre la persona y la posición o función. Si en lugar de ver la personalidad de su marido pudiese ver la función que Jesús les asignó y respetase esa función, por respeto a Cristo, le sería más fácil ser llevada de la mano por Dios en la edificación de su esposo.

4. **Vuestro atavío**: Un buen ejemplo de esto lo vemos en las iglesias del Apocalipsis, la iglesia de Esmirna presenta la

actitud casta y decorosa, aunque por el mundo considerada pobre y atribulada, pero por Jesús es declarada Rica. Por otro lado, la iglesia de Laodicea se creía rica por su vestimenta y su apariencia, pero Jesús le dice que es desventurada, miserable y desnuda. Estas dos iglesias nos ilustran las dos clases de esposas de 1 Pedro.

Después de esta breve comparación, será saludable que cada pareja medite qué clase de mensaje está representando, qué clase de corderos están sacrificando, qué están haciendo con la roca y luego, que se propongan con la ayuda de Dios, empezar a tratar el tipo o sombra de Cristo como Él ordenó y nos dejó el ejemplo.

Lo que el pecado hizo al Diseño de Dios

Algo sumamente importante para mejorar el matrimonio—o mejor aún—para contraer matrimonio teniendo mayor claridad de él, es saber cómo el pecado, desde Adán y Eva, afectó el matrimonio al distorsionar o corromper el método de Dios. Para ello quisiera que meditásemos en Génesis 3.16: *«A la mujer dijo: "Multiplicaré en gran manera los dolores de tus preñeces. Con dolor darás a luz los hijos y tu deseo será para tu marido y él se enseñoreará de ti."»* ¿Qué significa, *«Tu deseo será para tu marido»*?

La mayoría ignora su significado y ésta es la mayor causa de las presiones matrimoniales. Las respuestas más comunes a esa pregunta son: «La mujer deseará sexualmente a su esposo», «La mujer deseará la protección de su esposo», «La mujer deseará complacer a su esposo» y otras declaraciones semejantes a éstas. Nada de eso suena mal y recuerden que esta declaración de Dios es un castigo; es algo contrario a Su plan original. Una vez más, se cumple la declaración de Oseas: *«Mi pueblo fue destruido porque le faltó conocimiento»*. ¿Qué significa en realidad, *«Tu deseo será para tu marido»*?

Veamos el capítulo 4 versículo 1. *«Si bien hicieres, ¿no serás enaltecido? y si no hicieres bien, el pecado está a la puerta. Con todo esto, a ti será tu deseo y tú te enseñorearás de él.»* Aquí Dios está hablando a Caín, advirtiéndole el peligro de revelarse a Él. Nótese que la misma declaración que hizo a Eva es la que le hace a Caín, con diferentes palabras, pero el mensaje es el mismo. Por lo tanto, preguntémonos ¿cuál es el deseo del pecado para el hombre? Es obvio que no desea hacerle bien, así que aclaremos su intención: Jesús dijo: *«El que hace pecado, esclavo es del pecado»*. ¿Cuál es el deseo del pecado? ¡Esclavizar! ser señor o enseñorearse. ¿Quiere decir que la maldición o castigo por el pecado es que la mujer quiere enseñorearse de su marido? Para no solamente suponer y tratar de hallar la lógica de esto, veamos lo que la palabra «deseo» significa en el idioma original. Deseo significa empujar, maniobrar, causar, caminar sobre.

La realidad es que, en el principio, el diseño de Dios era que el hombre guiara amorosamente y con el ejemplo, a su esposa y que la mujer se sometiese voluntariamente a su marido. Cuando desobedecieron y decidieron ser señores de su vida, el plan de Dios fue alterado y ahora la mujer en su naturaleza carnal caída, quiere gobernar a su marido. Esto no significa que lo haga por la fuerza, con palabras airadas o formas obvias, aunque en algunos casos es así. En la mayoría y especialmente entre los cristianos, la forma en que la mujer quiere ejercer gobierno es más sutil, aplicando presión a las áreas débiles del hombre, llorando, haciéndose la mártir, conociendo más respuestas bíblicas, etc. Esta es la mayor causa de la frustración de la mujer y de los problemas tales como: falta de propósitos, inseguridad, frustración, etc., la razón, repito, es que está tratando consciente o inconscientemente de alterar el diseño de Dios para su vida.

Por otro lado, el esposo ahora está más consciente de imponer su autoridad, de enseñorearse de la esposa en lugar de guiar amorosamente su hogar. Por lo tanto, cuando nota que su esposa parece más espiritual que él o le aventaja en ciertas áreas, tiende a menospreciar la importancia de ella y a enfatizar como más importante, lo que lo tiene a él ocupado. Desde luego, como es importante el aspecto espiritual que él está negando, eso le trae inseguridad en lo que está haciendo, falta de identidad y frustraciones.

La analogía puede llevarse a toda esfera de autoridad social, política o religiosa. En todas ellas, los súbditos están minando la autoridad de los líderes y los líderes están forzando su posición, o sea enseñoreándose de ellos.

El plan redentor de Cristo vino a librarnos de esa maldición, por lo tanto, en la vida de Cristo encontramos la respuesta para ambos, el esposo y la esposa. Jesús en su vida, muerte y resurrección vino a restaurar el orden de Dios para el matrimonio y a darnos el ejemplo. Veamos lo que hizo. Le mostró al hombre que no tiene que defender ni imponer su autoridad, pues ésta viene de Dios. El, en ningún momento se sintió amenazado por los continuos ataques de líderes religiosos, tampoco trató de convencer a la multitud que lo seguía de que tenían que reconocer que Él era el que Dios había puesto en autoridad, por lo tanto, pudo concentrar su tiempo, atención y energía en hacer la voluntad de Dios y amar a la Iglesia, aun cuando ésta es rebelde, crítica y envidiosa.

Se entregó por ella y la está santificando por medio de la Palabra y las circunstancias. De igual manera, el esposo debe entender que las decisiones de Dios no pueden ser afectadas por una esposa que no está dispuesta a aceptar el patrón de Dios, por lo tanto, el esposo no debe perder su tiempo tratando de imponer su autoridad, sino que debe concentrarse en estudiar y vivir el sacerdocio que Dios le ha dado y del cual ha de rendir cuentas.

Quizá sería interesante pensar en Jesús explicándole al Padre por qué no puede cumplir con su misión y compararlo al esposo, Jesús diría:

1. En primer lugar no reconocían mi autoridad, «Fui a lo mío y los míos no me recibieron».
2. Cuando les hablaba tu Palabra «me pedían pruebas».
3. Cuando hacía algo que mostrara mi autoridad decían que «Lo hacía porque el diablo me había poseído».
4. Si les mostraba que estaba en comunión contigo, en lugar de sentirse felices me decían que «los dejara porque ellos estaban mal».
5. Yo les decía que no importaba, que los amaba «y que para eso había venido».

6. Entonces, al alejarme un poco de esas actividades que tu dijiste que hiciera para mostrarles mi interés en ellos, me decían que me estaba enfriando, que «si lo que hacía era tuyo, lo hiciera abiertamente».
7. Y cuando lo hice abiertamente y no le llevé la corriente al mundo, se pusieron del lado del mundo y «me gritaron juntamente con ellos».
8. Ya no sabiendo qué hacer, «me quedé callado a todo lo que decían».
9. Y por eso dijeron que si no me defendía era porque tenía culpa, entonces les extendí mis brazos y les dije que «los perdonaba y los amaba».
10. A lo cual me respondieron que «se los mostrara y no sólo se los dijera».
11. Fue allí donde «no aguanté más y me vine contigo».
12. Desde luego, esta separación para mí «fue un infierno».
13. Pues yo sabía que no era eso lo que tú querías, así que «después de tres días regresé».
14. Parece que ellos en ese tiempo recapacitaron un poco y se sentían mal «cuando les mandé a decir que regresaba, no lo creían».
15. Cuando llegué, «pensaban que estaban viendo visiones».
16. Pero al fin se convencieron y empezaron a caminar juntos.
17. Todavía, de vez en cuando «se van con sus antiguas amistades».
18. Pero todo lo soporto, pues sé que «me tienen en su corazón».
19. Y al fin vendremos a ti, «cuando todo sea aclarado».
20. Espero que no sea muy difícil para el esposo, ver cómo él puede amar a su esposa «como a la Iglesia» y no perder el tiempo tratando de mostrar que él es la cabeza.

Veamos ahora cómo Jesús le dio ejemplo a la esposa, para someterse al esposo. Jesús respetó las autoridades establecidas, reconociendo que fueron puestas por Dios, y mostró su fe en Dios al demostrar que podía confiar en ellas, aun cuando injustamente lo maltrataban y no lo entendían. Él mostró su amor y confianza en Dios, no rebelándose ni respondiendo palabra, sino que encomendó su causa a Dios y se hizo obediente voluntariamente, hasta la muerte. Al leer 1 Pedro 2.21–15, si recordamos que es una carta y seguimos con 1 Pedro 3.1, veremos cómo Jesús está invitando a las esposas a que hagan lo mismo. La prueba más grande de fe y obediencia que una esposa puede dar, es confiar en que Dios la puede usar y bendecir, aun cuando su esposo sea incrédulo, hipócrita, injusto, etc., si la esposa se mantiene obediente y no amenaza ni responde mal, sino que encomienda su causa a Dios.

Esto es lo mejor y es lo que la Biblia enseña, pero definitivamente es contra el «yo» y requiere dejar de «ser como dioses, conociendo el bien y el mal», por lo cual es necesario considerarse «muertos» y «presentar sus cuerpos en sacrificio vivo, santo y agradable a Dios». Es un gran precio que la mayoría de esposas no están dispuestas a pagar y les pasa lo de la parábola del hombre que comenzó a edificar, no contó el costo y dejó la obra a medias, más aún para ellas (y ellos) hay esperanza y eso es lo que quiero considerar ahora.

¿Cuál es el único requisito que hay que llenar para llevar adelante un matrimonio? Antes de contestar esta pregunta, veamos que ya las respuestas más comunes han sido descartadas, con lo que hemos venido diciendo. Por ejemplo, la respuesta más común es «amor», pero como vimos al principio del estudio, el amor al estilo «Hollywood» o tipo «Corín Tellado» o sea a «primera vista» no tiene nada que ver con el concepto bíblico del matrimonio y aún, suponiendo que verdaderamente «se amasen», lo demostrarán queriendo lo mejor el uno para el otro y lo mejor es «hacer la voluntad de Dios».

El amor no es un sentimiento ni una ilusión, sino un acto de nuestra voluntad. Prueba de ello es que Dios nos ordena que «amemos» a nuestros enemigos. Lo que significa que es posible y bíblico casarse con alguien a quien ni siquiera se ha visto y amarle grandemente porque se ha llenado el requisito bíblico.

La segunda respuesta puede ser: **Tener metas o propósitos definidos o semejantes**, y esto está más cerca de la verdad, pero no importa cuán de acuerdo estén en sus planes y propósitos y cuán altruistas sean estos, al compararlos con el propósito eterno de Dios, son infinitamente pequeños. Por lo tanto, si una pareja se une en matrimonio y quiere asegurarse la felicidad en el mismo y para ello se proponen que sólo harán aquellas cosas que les lleven al propósito o fin común y que ambos respetarán esa condición, ya están poniendo dinamita al fundamento del matrimonio y no será nada difícil prenderle fuego.

La tercera respuesta y una de las más comunes en el mundo hoy en día, es **compatibilidad o sea la habilidad para existir juntos en armonía o acuerdo**, congeniar que viene del latín *cum*: «junto» y *pati*: «sentir». Desde luego, toda imitación del diablo tiene que tener alguna similitud a la verdad de Dios y ésta realmente suena en armonía con el plan de Dios, lo único es que la interpretación del mundo en cuanto a compatibilidad se refiere es a tener los mismos gustos, el mismo nivel cultural, la misma educación, el mismo sentido de valores, posición social, etc., todo siendo superficial y basado en valores temporales, mientras que el concepto de Dios sobrepasa lo material y temporal para concentrarse en lo eterno.

La compatibilidad humana no existe, pues la naturaleza humana es egoísta, amante de sí misma y sólo da cuando espera recibir. Por lo tanto, el egoísmo se encuentra en casi toda decisión humana. El único requisito que una pareja debe llenar para llevar adelante su matrimonio o para corregir uno que comenzó mal, es tan sencillo en apariencia, pero sólo por la gracia de Dios se puede llevar a cabo y requiere entronar a Jesús en el corazón de cada uno, pues de lo contrario, no se podrá cumplir. ¿Cuál es este requisito? El mismo de siempre: **Aceptar, creer y practicar la Biblia como la Palabra de Dios.**

La Biblia, que es la Palabra de Dios, imparte la naturaleza de Dios a todo aquel que se ejercita en meditarla y atesorarla en su corazón para ponerla en práctica. Este requisito o condición es el único que Dios pone, pero sólo se puede llevar a cabo renunciando a uno mismo, renunciando a la lógica personal y renunciando a querer seguir eligiendo por nosotros mismos lo que es bueno y malo. Hay demasiados textos bíblicos para escribirlos aquí. Por consiguiente, sólo quiero recordar los más conocidos, tales como la bendición de obedecer la Palabra de Dios, Deuteronomio 20.1–4 especialmente el verso 2 y contrastarlo con 29.19–20. Luego, lo que Dios promete a Josué en Josué 1.7–8; un texto que no muchos asocian con esto es el Salmos 112, pero al leer el primer versículo vemos que la condición es *«deleitarse en los mandamientos de Dios»*, la bendición incluye los versículos 7 y 8 *«no tendrá temor de malas noticias ...su corazón; no temerá»*. Podría decirse que eso caracterizó la vida de Jesús, por lo tanto, no le afectaban las noticias de que los líderes religiosos estaban enojados con Él, que sus seguidores no querían seguirlo más, que su familia no lo entendía y estaba contra Él y algunas más, puesto que Él se deleitaba en los mandamientos de su Padre. Estaba seguro y en paz.

El último texto que mencionaré es Salmos 1.1–3. Esta porción, como las otras, termina asegurando que los que obedecen la Palabra y la ponen en práctica, *«todo lo que hacen, prosperará»*. La única condición es que la pareja se pregunte en cada situación, antes de tomar una decisión ¿Qué dice la Biblia al respecto? ¿Hay una dirección específica en la Biblia? Y desde luego que la respuesta es sí, la Biblia tiene respuestas específicas para enseñar a un matrimonio cómo prosperar glorificando a Dios.

Para concluir, sólo deseo enfatizar lo que dije al principio: el humanismo nos presenta la vida fragmentada, separando sus edades y eventos como partes aisladas las unas de las otras; de esta forma no se toma en cuenta la escritura que nos exhorta: «Instruye al niño en su camino y aun cuando fuere viejo, no se apartará de él», pues no se relaciona la pureza y castidad con salir «como novios», no se asocia que «nuestros cuerpos son templo del Espíritu Santo» comprados con la sangre de Jesús, con las caricias y besos prematrimoniales. Sólo me resta decir que si creemos que Dios tiene un plan para nuestra vida y si creemos que Él es bueno y que sabe que es lo mejor para nosotros y si confesamos que Él es nuestro Señor, nuestros hechos deben respaldar estas declaraciones y puesto que el fundamento de toda institución y organización es el matrimonio y los requisitos que Dios pone a sus obreros tienen que ver primero con el hogar, queda claro que el valor, el respeto y la dedicación que demos al hogar, dependerá en gran medida de cuánto Dios pueda usarnos y cuánto nosotros queramos ser usados por Él.

Es mi plegaria que todos los que lean estos pensamientos, logren orar y buscar la voluntad y la claridad de Dios, con honestidad, en cuanto a este tema: Noviazgo, Compromiso y Matrimonio.

AMPLIANDO EL PANORAMA

Cuando se habla de Dios, sobre todo de su capacidad de solucionar cualquier cosa y que para Él no hay nada difícil, todos tenemos la tendencia a expresar: amén, así es. No obstante, al afrontar una situación conflictiva en nuestra vida personal, parece que se nos olvida lo que anteriormente habíamos declarado. El hecho de que la mayoría de matrimonios sigan con los mismos problemas, indica una de dos cosas: no saben lidiar con su situación de acuerdo a las enseñanzas y directrices bíblicas o no son diligentes y no están dispuestos a dar los pasos necesarios. De ser esta última la razón, no hay mucho que se pueda hacer por ellos, pero si la causa es falta de conocimiento, este material será de gran ayuda.

Primera Parte

La Fe y las Obras en el Matrimonio

Basados en que Dios es un Dios de orden y en que sus principios son eternos, podemos ampliar nuestro entendimiento del matrimonio al aplicarle la fe y las obras. Por la fe miramos a Dios quien es Espíritu Eterno y desde esa perspectiva, nos preguntamos ¿cómo aplicamos principios eternos que trasciendan el mismo matrimonio terrenal? Comencemos por hacer una separación y a la vez comparación de lo que anticipamos, eso nos dará más luz para luego buscar aplicaciones específicas a nuestra situación.

El matrimonio y la familia se fundamentan en principios, no en aplicaciones. Por lo tanto, su fundamento es el mismo para toda familia, pero su aplicación varía en cada caso; es por eso que tratar de imitar la forma en que otras familias se relacionan, por muy exitosas que sean, no garantizan resultados positivos para los demás, pues carecen del poder o espíritu que da vida a la forma de expresión. Los principios no varían, siempre están de moda, pero las formas de expresarlos sí.

Otro elemento importante es conocer la meta o propósito, pues sólo así se podrá evaluar si se está cumpliendo y caminando en esa dirección. El propósito de la familia es glorificar a Dios, por medio de obedecer sus enseñanzas. Por otro lado, así como la base es la fe, los principios eternos o poder, necesita el complemento de las obras, aplicaciones o forma para poder expresarse; por lo tanto, tiene una expresión terrenal, pues aún estamos en el mundo y eso limita y regula a la familia por las normas, conceptos y funciones de edad, sexo, estado civil, etc., pues aunque todos sus miembros son espíritus eternos, deben expresarse según la forma de la función que desarrollen, de esta manera encuentran la forma de glorificar a Dios usando como canales los mismos límites o parámetros de su función.

Ejemplos de aplicación

Aplicando lo anterior a la relación individual de cada miembro con Dios, vemos que como cada uno es espíritu eterno tiene relación directa con Dios, pues en el Espíritu no existen diferencias ni limitaciones de edad, sexo, no hay una jerarquía de padres, esposas, hijos, etc., de allí que un hijo pueda ser más maduro que sus padres y una esposa más poderosa que su esposo.

Ahora, al buscar el balance en su aplicación a la relación entre los hombres, tenemos que considerar que la espiritualidad respeta las normas y funciones que Dios mismo diseñó y entregó. Por lo tanto, cada miembro de la familia debe funcionar y limitarse a la estructura de su edad, sexo y relación en la familia; no importa cuán maduro sea el hijo, estará sujeto a sus padres y no importa cuán sabia sea la esposa, obedecerá a su marido, pues de lo contrario, estarían violando los principios bíblicos y cosechando problemas en lugar de bendiciones.

Lo que parece ser más difícil de entender, es que glorificar a Dios consiste en obedecer su Palabra y cumplir nuestra función, no en hacer grandes cosas para Él, pues por esa ignorancia muchos miembros de la familia se salen de los parámetros de su función y usurpan la autoridad, tratando de hacer algo en lugar de entender que son algo y que lo que Dios espera de cada miembro de la familia, es que éste diga: *«Dios, tú eres más sabio y sabes mejor que yo cómo debemos funcionar, por lo tanto obedeceré y cumpliré mi parte.»*

Segunda Parte

La Autoridad como Parámetro de Función

> *«Porque también yo soy hombre puesto bajo autoridad y tengo soldados bajo mis órdenes y digo a éste: ve y va; y al otro: ven y viene; y a mi siervo: haz esto y lo hace. Al oír esto, Jesús se maravilló de él y volviéndose, dijo a la gente que le seguía: Os digo que ni aun en Israel he hallado tanta fe». (Lucas 7.8–9)*

La tendencia humana, cuando se ve que alguien en una posición de autoridad no está cumpliendo con su responsabilidad, es tratar de tomar su posición, por ejemplo, esposas tomando la función de los esposos. Sin embargo, a lo largo de la Biblia, la forma más grande de mostrar la fe en Dios es aceptar y respetar el diseño de Dios de autoridad delegada. La causa de que exista un diablo, es que Lucifer falló en aceptar ese principio y la causa de la existencia del conflicto humano es que Eva también falló en el mismo principio. Dios, en su deseo de restaurar al hombre, estableció tres instituciones de autoridad para reentrenarnos en la importancia de aceptar una autoridad delegada.

La familia es la primera institución y por decirlo así, es la que representa en forma de semilla, toda otra relación y función que la persona desarrollará a lo largo de su vida, de allí que la mayor importancia está en restaurar a la familia.

El Gobierno Civil vela por establecer y mantener la justicia y la seguridad de la nación, la cual está compuesta de familias.

La Iglesia tiene la función de enseñar a la familia y por consiguiente a la nación, los principios bíblicos que les permitan ser prósperos y glorificar a Dios.

El Árbol del Conocimiento del Bien y del Mal

El mayor obstáculo a nuestra dependencia de Dios y su Palabra, la cual se expresa en el respeto a la autoridad delegada, es lo que nos enseña Génesis 2.17 y 3.4–5: «*...más del árbol de la ciencia del bien y del mal no comerás, porque el día que de él comieres, ciertamente morirás... Entonces la serpiente dijo a la mujer: no moriréis; sino que sabe Dios que el día que comáis de él, serán abiertos vuestros ojos y seréis como Dios, sabiendo el bien y el mal.*»

Al entender estos pasajes, vemos que lo que matará al hombre es querer ser como Dios y puesto que muerte para un espíritu eterno no es dejar de existir, eso nos trae la condición de estar separados de Dios, separados de su enseñanza, de su habilidad para cambiar, de su amor, etc., lo cual se manifiesta en que los sistemas de valores del hombre ya no son los de Dios. El caso que nos concierne es la familia, sus valores y los propósitos son los de Dios, porque Dios diseñó toda función humana para establecer su reino aquí en la tierra, por ejemplo Lucas 14.26: «*Si alguno viene a mí y no aborrece a su padre y madre, mujer e hijos, hermanos y hermanas y aún también su propia vida, no puede ser mi discípulo*» y Mateo 19.29: «*Y cualquiera que haya dejado casas o hermanos o hermanas, o padre o madre o mujer e hijos o tierras por mi nombre, recibirá cien veces más y heredará la vida eterna.*»

No obstante, por su desobediencia, el hombre considera las relaciones como beneficios o necesidades personales, lo cual lo lleva a ver como problemas los estados de soltería, viudez o matrimonio. Muchos se quejan de que no hay enseñanzas, pláticas o libros dedicados a las viudas y muy poco a los solteros, pero la razón es que en el diseño de Dios las relaciones no son para satisfacer ese afán, inseguridad, necesidad o temor de la persona. Dios quiere ser y, de hecho, es el único que sacia nuestra necesidad. Las demás relaciones son con el fin de establecer su reino, no de saciar nuestras necesidades. Por lo tanto, las funciones expresan una cadena de autoridad delegada que está diseñada para su funcionamiento, pero los que ven a las relaciones, no como medios de función, sino como fuente de satisfacción, resisten a la autoridad delegada y se frustran.

Responsabilidad personal, conductora de la Fe

Toda institución y relación está bajo el plan y propósito de Dios, pero como fe es aceptar su soberanía, es indispensable la responsabilidad personal, de allí que los que esperan de la relación familiar lo que sólo Dios puede dar, terminan culpando a otros y en última instancia, a Dios por su frustración y descontento.

> *Mateo 15.28: «Entonces, respondiendo Jesús, dijo: oh mujer, grande es tu fe; hágase contigo como quieres. Y su hija fue sanada desde aquella hora.»*

Es notable que a las personas que Jesús alabó por su «tanta» y «gran» fe, no eran del pueblo de Dios, sino gentiles y lo que esto nos enseña es una verdad que se repite una y otra vez en la Iglesia y en la familia. Son las personas que no reclaman derechos, sino que se sujetan a una autoridad delegada y las que no culpan y se excusan con otras; sino que aceptan responsabilidad personal por la condición en la que están, las que realmente creen en Dios y tienen fe; pero el pueblo de Dios, en su mayoría, reclama privilegios y culpa a otros o a las circunstancias de su falta de responsabilidad.

> *Romanos 14.12: «De manera que cada uno de nosotros dará a Dios cuenta de sí.»*

Este elemento es tan importante, pues si alguien cree que

cualquier persona, cosa o circunstancia puede limitar a Dios de bendecirlo, está robando a Dios su soberanía y obviamente no tiene fe.

Por otro lado, si dice creer en Dios y su soberanía, entonces ¿a quién puede culpar de su actitud ante la situación en que se encuentre? a nadie, sólo él es responsable. Eso nos lleva a otro entendimiento.

La Identidad y la Función

Aunque lo he mencionado anteriormente, conviene ver que la identidad de una persona es eterna puesto que es espiritual, mientras que su expresión o desarrollo está limitado a funciones que son temporales y las situaciones que afrontamos en la vida son sólo oportunidades para manifestar el entendimiento que tenemos de la diferencia entre nuestra identidad y nuestra función, en otras palabras, para probar nuestra fe. Esto en la familia se traduce en quitar los costumbrismos de que ciertas funciones hacen a la persona. Por ejemplo, que es degradante para un hombre lavar trastos o barrer la casa y que la mujer no pueda administrar los fondos monetarios. Lo que es importante es cumplir con nuestra función asignada sin importar que los demás hagan la suya o no, pues el gozo y la paz vienen cuando uno acepta su función y se entrega a cumplirla para la gloria de Dios. Esa actitud es humildad y permite que Dios pueda derramar más gracia en la vida de la persona, pues gracia es todo lo que necesitamos, como le dijo Jesús a Pablo: *«Bástate mi gracia»*, o sea, mi gracia es todo lo que necesitas.

Incompatibilidad en el Matrimonio

¿Por qué es tan importante la gracia? Porque la gracia es Dios «produciendo el deseo y la habilidad» para hacer su voluntad. Al entenderlo así, se termina con conceptos tales como el que causa la incompatibilidad. El diccionario dice de compatible: «capaz de unirse o concurrir en un mismo lugar o sujeto», por lo tanto, incompatibilidad es: «incapacidad de unirse o concurrir en un mismo lugar o sujeto». Al aplicarlo al matrimonio, esa «incapacidad» no puede referirse a razones que comúnmente se dan para justificar la incompatibilidad, pues todas ellas pueden vencerse «si se quiere».

Por lo tanto, la incapacidad en el matrimonio la debemos entender a la luz de las escrituras, tales como 2 Corintios 6.14: *«No os unáis en yugo desigual con los incrédulos…»* El diccionario dice de incrédulo: «que no cree lo que debe» y en el lenguaje bíblico (griego) significa: «sin fe, no confiable». Lo que esto nos muestra es que la incompatibilidad no es más que indisposición a cambiar, pues no importa cuál sea la condición en la que la familia se encuentre, si se está dispuesto a cambiar y sujetarse a las indicaciones bíblicas, hay solución. Por lo tanto, lo que necesitamos es volver a los principios bíblicos y aplicarlos al matrimonio y a la familia, lo cual eliminará el problema de la incompatibilidad.

Tercera Parte

Sembrar y Cosechar

Este principio es llamado el principio del crecimiento y significa «hacer aumentar en tamaño o estructura, incrementar, avanzar y mejorar». El principio ilustra dos cosas: en lo interno, la semilla, aquello de lo que algo procede o brota; y en lo externo, el fruto, la producción o aquello que es producido. En el matrimonio y en la familia, este principio nos enseña que lo que se cree y valora en el corazón será lo que se manifestará y expresará en la vida de los miembros de la familia, por lo cual, es sumamente importante vivir una vida transparente para que los demás puedan ver qué clase de semilla (ideas, pensamientos y creencias) es la que hay en nuestro corazón y de no ser la correcta, poder removerla y si es la correcta, ver qué es lo que estorba o qué cooperará con el crecimiento.

Este concepto de transparencia requiere aceptar la responsabilidad de lo que hay en nuestro corazón, pues entró allí con nuestro permiso, por lo cual, si limpiamos nuestro corazón, tendremos una buena conciencia que nos permitirá expresar amor a la familia.

En todo principio existe la posibilidad de irse a uno de los dos extremos. En este caso, uno sería sembrar mal y el otro no sembrar, ambos extremos manifiestan falta de transparencia y en lugar de responsabilidad personal, transfieren la culpa a las circunstancias o a alguien más. Por lo tanto, nunca limpian su conciencia y no están en libertad de expresar amor, pues son esclavos del chantaje del acusador.

Hay dos declaraciones fundamentales en el principio del crecimiento que deben conocerse para aplicarlas a la familia. La primera es que se reproduce la naturaleza y género de lo que se siembra, no su apariencia *(Génesis 1.12; 1 Corintios 15.37–38)* o sea que la apariencia de la semilla no es la del árbol o fruto que da. Por ejemplo, la semilla de tomate no es igual al tomate que produce. Esto ilustra que no es lo que los miembros de la familia aparentan lo que se produce, sino lo que hay en sus corazones, lo que creen, sienten y piensan. Esto es a lo que Pablo se refiere en Gálatas 6.7–8: *«No os engañéis, Dios no puede ser burlado: pues todo lo que el hombre sembrare, eso también segará. Porque el que siembra para su carne, de la carne segará corrupción; más el que siembra para el Espíritu, del Espíritu segará vida eterna.»*

La segunda declaración es que este principio durará o permanecerá mientras estemos en la tierra. Génesis 8.22a: *«Mientras la tierra permanezca, no cesará la cementera y la siega…»* o sea sembrar y cosechar, lo cual nos confronta con la realidad de que seguiremos reproduciendo nuestra naturaleza nos guste o no, así que si lo que vemos en nuestra familia no nos gusta, más vale parar y examinarnos a la luz de la Palabra de Dios, empezar a aceptar responsabilidad individual y limpiar la conciencia para que sea la semilla de la Palabra de Dios la que empiece a germinar y a producir fruto.

Poder y Forma

La base de este principio es la soberanía de Dios y las diferentes formas en las que Él decide expresar su poder y su gracia. Al aplicarlo a la familia, el poder, o sea la habilidad milagrosa, la facultad de hacer o llevar algo a cabo está en la gracia que Dios da a cada miembro de la familia conforme a la responsabilidad que tiene, por ejemplo, al padre lo llama a ser cabeza, sacerdote, guía. Por lo tanto, la gracia dada al padre es diferente a la gracia dada al hijo para que cada uno pueda cumplir su voluntad. La forma de arreglar los detalles, patrón o modelo, orden de constitución, es el diseño de Dios al dar distintas funciones a cada miembro de la familia. En este principio, Dios ilustra su propósito eterno y la visión o medios para expresarlo, es decir, que el propósito por el cual existe el matrimonio es que cada miembro de la familia le glorifique y en el contexto de la familia, cada uno encuentra que Dios requiere fidelidad en el desarrollo de su función como padre, esposa, hijos, hermanos, etc., como el medio o vehículo para glorificarle, de allí que el que no cumple su función responsablemente, no está glorificando a Dios, aunque lo que está haciendo lo haga a la perfección.

Por ejemplo, un hijo que está estudiando una carrera o ministrando como líder de jóvenes en su iglesia, pero no honra a sus padres o un hombre que es un gran empresario o líder de su iglesia pero no instruye a sus hijos o una esposa que ministra y aconseja con gran sabiduría a otras mujeres, pero no está sujeta a su marido. Es por eso importante aceptar la responsabilidad individual de meditar en la Palabra de Dios hasta que ésta se injerte en nuestro corazón y renueve nuestro entendimiento, pues Dios promete que el que medite en su Palabra prosperará y el éxito que se alcance será la prosperidad de su alma.

Los extremos que este principio presenta son: «poder sin forma» y «forma sin poder», manifestándose en usar la habilidad o poder que Dios nos ha dado a todos al crearnos a su imagen y semejanza, no para glorificar a Dios y edificar a la familia, sino para buscar el beneficio propio y forma sin poder es simplemente amoldarse y acomodarse al molde del mundo, teniendo toda la apariencia, pero sin la gracia de Dios para hacer viva y real esa relación. Este principio confronta a cada miembro de la familia con la responsabilidad de que si no usa el poder que Dios le ha dado para cumplir su función y su responsabilidad, terminará rindiendo ese poder al enemigo y producirá confusión, separación y destrucción en su familia, pero al que lo canalice según la forma que Dios diseñó, Él le dará más gracia y le convertirá en testimonio vivo.

Autogobierno

Este principio es el del gobierno de Dios. Básicamente, enseña que el que aprende a gobernarse a sí mismo por las normas de Dios, internamente, no necesitará controles externos y podrá influenciar a su familia, la iglesia y la nación para bien, pero el que no tiene gobierno interno necesita los controles y leyes que la familia, el gobierno y la Iglesia ejercen para regular sus acciones.

Este principio ilustra la necesidad de entender y respetar el orden de gobierno de Dios o sea la autoridad delegada, pues ésta es dada no para limitar o manipular, sino por el contrario, para proteger y libertar y con eso lograr fluir con poder y satisfacción. También depende de la actitud apropiada para someterse a la autoridad y sólo se consigue cuando nuestra conciencia está limpia y nos permite tener relación con nuestras autoridades. Mientras haya alguna culpabilidad, no se sentirá paz, libertad, ni comodidad para tratar con la autoridad, pues se experimentará temor, pero al estar en paz con Dios y los hombres, meditar en la Palabra de Dios nos permite adquirir sabiduría y entendimiento para no sólo identificar a nuestras autoridades, sino saber cómo trabajar con ellas. Los extremos que este principio sufre son tiranía y anarquía. El primero ilustra el abuso de la autoridad dada por Dios para fines egoístas y no para cumplir la función que Dios delegó. El segundo ilustra la causa más común de los fracasos, ignorancia de los principios de la Palabra de Dios y el concepto religioso de que nuestro destino está en las manos de Dios, sin importar lo que nosotros hagamos o dejemos de hacer. En ambos casos, los que no se sujetan apropiadamente acarrean condenación como dice Romanos 13.2: *«De modo que quien se opone a la autoridad, a lo establecido por Dios resiste y los que resisten, acarrean condenación para sí mismos.»*

El principio del gobierno de Dios en el matrimonio, lleva a cada miembro de la familia a darse cuenta que reconocer a Dios como Dios, requiere manifestar sujeción a su diseño de autoridad y si no se hace de esa manera, se está tomando lado con Lucifer al proclamarse semejante a Dios al decidir en qué sí y en qué no se obedece la Palabra de Dios. Para poder responder bíblicamente, cada miembro de la familia debe considerar si conoce el diseño de Dios, de la autoridad, si entiende su responsabilidad personal y si está ejerciendo autogobierno en sus emociones, pensamientos, actitudes e ideas. En resumen, este principio presenta claramente si se desea agradar a Dios o a uno mismo, pues Jesús dijo dos cosas muy claras: *«Vosotros sois mis amigos si hacéis lo que yo os mando», (Juan 15.14) «El que me ama, mi Palabra guardará.» (Juan 14.23)* En su Palabra, Él manda claramente lo que cada miembro de su familia debe hacer. Por lo tanto, obediencia es la máxima prueba de amor y amistad a nuestro Señor.

Unidad y Unión

Conocido como el principio de Pacto, nos enseña la necesidad de que las verdades de Dios primeramente sean una realidad en nuestro corazón, para que sean las que dicten nuestra participación con otros, pues pacto es reunirse, reunión o acuerdo de decisiones, consentimiento mutuo de dos o más personas para hacer o llevar a cabo alguna acción o cosa. El solo hecho de que la Biblia se divida en dos grandes pactos—el Antiguo y el Nuevo—nos muestra cuánto valor le da Dios al pacto; de hecho, el matrimonio es un pacto y las consecuencias de su mantenimiento o su ruptura alcanzan a los hijos. Los extremos de este principio son desunión y uniformidad. La desunión no es más que la exaltación del egoísmo en el cual no existe el pacto, pues no se está dispuesto a dar, mucho menos a sacrificar por otros. Esto lleva consigo la infidelidad, pues carece de unidad con Dios al no aceptar su necesidad de la dádiva de amor y perdón de Dios en la persona de Cristo Jesús. La uniformidad, por el otro lado, nos muestra la actitud más común de conformarse y amoldarse, dejándose llevar por la corriente sin entender los principios de Dios y la mayoría de familias es así, tienen toda la apariencia de las demás y se comparan con lo superficial, no con la actitud de corazón.

Puesto que Dios nos enseña lo que es guardar un pacto al llamarse un Dios que guarda el pacto y al permanecer fiel aun cuando nosotros seamos infieles, este principio nos dice que nuestro amor a Dios y obediencia a Jesús sólo es tan real como nuestra relación con los otros miembros de nuestra familia.

> *1 Juan 3.10: «En esto se manifiestan los hijos de Dios y los hijos del diablo: todo aquel que no hace justicia y que no ama a su hermano, no es de Dios.»*

Hacer justicia, en el contexto del pacto, es vivir y obedecer los límites y requisitos del pacto. Amar al hermano es el fruto de una conciencia en paz por ser fiel y, por lo tanto, poder amar con libertad moral.

Carácter Cristiano

La importancia mayor de este principio está en que su responsabilidad total apunta a un trato directo e individual de cada miembro de la familia. Es diferente a los otros principios en los cuales se necesita la participación y entendimiento de los otros miembros para poder cumplirlo, tales como unidad y unión, poder y forma, pero este principio ilustra lo que es vivir en el Espíritu expresando el fruto del Espíritu y su enseñanza principal es que depende de Dios. Las circunstancias que vienen a nuestra vida familiar son sólo instrumentos para desarrollar el carácter de Cristo en nosotros. Puesto que el carácter implica cortar o grabar, decimos que una persona no tiene carácter formado mientras no ha pasado por experiencias y circunstancias que le den cualidades distintivas y estables.

La fe y las obras son la mejor forma de medir el carácter de una persona, pues su fe expresa la convicción de que Dios le ha dado la función y el lugar que tiene en la familia con el fin de bendecirlo y expresa esa fe al obrar desarrollando las responsabilidades que su función le asigna. Ver esta etapa en su vida como un entrenamiento del alma, le permitirá no sólo entender, sino valorar el sufrimiento para lograr seguir el ejemplo de Cristo y desarrollar su carácter.

> *Hebreos 5.8: «Y aunque era Hijo, por lo que padeció aprendió la obediencia.»*

1 Pedro 2.20–23: «Pues ¿qué gloria es, si pecando sois abofeteados, y lo soportáis? Más haciendo lo bueno sufrís y lo soportáis, esto ciertamente es aprobado delante de Dios. Pues para esto fuisteis llamados, porque también Cristo padeció por nosotros, dejándonos ejemplo, para que sigáis sus pisadas; el cual no hizo pecado, ni se halló engaño en su boca, quien cuando le maldecían, no respondía con maldición; cuando padecía, no amenazaba, sino que encomendaba la causa al que juzga justamente.»

Este sufrimiento, aunque claro y necesario, estará en total desacuerdo con nuestra alma entrenada al egocentrismo que desea algún tipo de acción vengativa contra aquellos que están siendo los instrumentos para causarnos sufrimiento y lo más importante aún, es la realidad de que son las personas más cercanas a nosotros las que nos causan el sufrimiento, así que el carácter requiere domar y reentrenar el alma para que no menosprecie a las personas y para que valore el sufrimiento. Los extremos de este principio son el mal carácter y sin carácter. El mal carácter confunde el renovar el entendimiento con sólo adquirir más información y limita las verdades de Dios a un conocimiento intelectual sin vivencia o aplicación personal. Debido a eso, no entiende el valor del sufrimiento y resiente a las personas que son los instrumentos o causantes del mismo, acumulando amargura y resentimiento en lugar de carácter. El extremo sin carácter a veces pareciera como si sufriera con paciencia, pero la verdad es que su obrar no es por una renovación del entendimiento, sino por falta de carácter y por conformismo al asumir que el sufrimiento es consecuencia de no actuar igual que los demás.

La familia tiene que confrontar la realidad de su entendimiento del proceso de entrenamiento del alma, pues de lo contrario, no valorarán la realidad del sufrimiento y sobre todo, no podrán expresar perdón completo los unos a los otros y no estarán libres para desarrollar nuevas relaciones, pues si no se acepta que cada miembro de la familia es un instrumento en el desarrollo del carácter, no se entenderá tampoco en el trabajo y la Iglesia ni en futuros matrimonios de los hijos.

Mayordomía

Con fundamento en la realidad de que Dios es el dueño de todo, incluyendo a nosotros mismos pues estamos hechos a su semejanza, este principio nos enseña que sólo somos administradores de lo que Él nos permita tener y a la vez, nos hace responsables de dar cuenta por la forma en que administremos, no sólo las cosas, sino también las verdades y personas que se nos encomienden.

Para poder entender el propósito y voluntad de Dios en lo que debemos administrar, es necesario que primero seamos buenos administradores de nuestra posición más importante, la conciencia, pues ésta es el discernimiento de lo bueno y lo malo; es la facultad o poder dentro de nosotros que decide la legalidad o ilegalidad de nuestras propias acciones. En la familia tenemos que entender que las distintas relaciones son solamente los medios para probar la eficacia de nuestra mayordomía, pues al no cumplir los requisitos que la Palabra de Dios dicta a cada función, nuestra conciencia nos amonesta al ser malos administradores y no cumplir con lo que dice 1 Pedro 4.10: *«Cada uno, según el don que ha recibido, minístrelo a los otros, como buenos administradores de la multiforme gracia de Dios.»*

Una de las mejores formas de expresar buena mayordomía, es practicando el escuchar consejo, pues ésta es una forma de rendir nuestros derechos de independencia y de valorar a las otras personas. Los extremos que afectan a este principio son el disipador y el negligente. El disipador nos lo ilustra Jesús en Lucas 16.1–8 como el que descuida su mayordomía, pues no le cuesta a él y busca sólo su bienestar personal. En la familia, lo que más contribuye a esta actitud es no valorar las cosas, por ejemplo, al dar a los hijos todo lo que quieren sin enseñarles responsabilidad y cuidado o al simplemente adquirir otra cosa nueva porque lo que teníamos ya no nos agrada.

En los casos donde no son familias pudientes económicamente, se comete el mismo error al enseñar derechos y no responsabilidades y la forma más común de hacerlo es cuando se instruye a los hijos a buscar una buena carrera para vivir mejor o casarse con una persona de ciertas cualidades para que sean felices. El engaño aquí es que se está fomentando la mentalidad de recibir, no de dar. El negligente lo encontramos en la parábola de los talentos. *(Mateo 25.15, 24–27)* Este descuida las cosas, ideas y relaciones que se le han entregado y se concentra en su propia comodidad. En la familia, este extremo es expresado al descuidar el cumplir con las responsabilidades que nuestra función y posición nos requieren. Por ejemplo, los padres que descuidan la instrucción y corrección de los hijos dejando que se formen solos. Este principio nos reta con esta realidad: quien aprenda a ser buen administrador de su función en la familia, estará en condición de administrar grandes cosas para el Señor.

Individualidad

Aunque dejamos por último este principio, es de vital importancia, pues nos enseña una verdad muy especial en nuestra relación con Dios y los unos con los otros, ya que en nuestra individualidad, o sea, nuestra existencia distinta, un estado de ser uno, Dios desea que nuestra expresión manifieste algo especial con Él a la vez que respetemos la individualidad de los otros miembros de la familia y aprendamos a trabajar juntos en armonía. La importancia de este principio es fundamental, pues nos lleva al entendimiento de nuestra identidad espiritual y a vencer una de las áreas de conflicto en la vida de cada persona, la autoaceptación. Este principio de individualidad nos muestra cómo el diseño de Dios para nuestra vida incluye las circunstancias y rasgos que no cambian como herramientas y diseño específico para moldearnos interiormente a la imagen de Cristo. En la familia, esto se manifiesta al reconocer la identidad y unidad espiritual de cada miembro con Dios y las distintas funciones y relaciones de los unos con los otros; lo que significa que todos somos espíritus eternos expresando funciones individuales específicas, limitadas por la edad, sexo y relación.

Los extremos de este principio son el individualismo y el colectivismo. El individualismo es la máxima expresión del egocentrismo, se está totalmente convencido por el humanismo que pone al hombre como el centro y razón de todo, por lo tanto, se toma el lugar de Dios al decidir por sí mismo lo que es bueno y malo. En la familia se ilustra cuando alguien quiere ser el centro de atención y funcionar ignorando o rechazando las enseñanzas y normas de Dios para su posición, ya sea de padre, hijo, hermano, etc. El extremo colectivista es el más común y anula o ignora la identidad espiritual, lo cual lleva a buscar auto aceptación totalmente en la función externa. Los de ese extremo son los que siempre ceden a la presión de grupo y tratan de conformarse al patrón del resto. En la familia, toma el disfraz sutil de respetar las ideas de los antepasados, expresándose en una esclavitud a tradiciones, tabús y supersticiones, lo cual hace imposible el éxito en la vida. Es necesario entender que cada miembro tiene una función específica, lo cual, en el diseño de Dios, será utilizado como herramienta para transformarse los unos a los otros a la imagen de Cristo, pero esto no pasará automáticamente, sino que requerirá entender y aceptar su identidad espiritual a la vez que la diferencia de su función. De lo contrario, seguirá identificándose con lo que hace, no con lo que es.

Conclusión de los Principios

Aunque para su explicación, los principios se presentan aisladamente, no es así en la práctica, pues como éstos son espirituales se encuentran vinculados y entrelazados los unos con los otros, de tal manera que, al trabajar conscientemente en alguno de ellos, se está trabajando inconscientemente en otros. Si los comparamos con los distintos aparatos del cuerpo humano, como el aparato respiratorio y el aparato circulatorio, aunque se hable y se estudien los miembros y funciones de cada uno en lo individual, su función es simultánea, de lo contrario el cuerpo no funcionaría; pero antes de poder fluir con ellos es necesario estudiar y entender cada uno en lo individual, pues eso nos ayudará a cooperar en su función y desarrollo. Ahora sólo resta que cada miembro de la familia se decida a conocer lo que la Biblia dice acerca de su función y relación en la misma y que empiece a caminar a la luz de esa enseñanza sin esperar que los demás lo hagan. Esto le producirá el gozo y satisfacción que Dios tiene para él y servirá de ejemplo para que los demás le imiten, pero en última instancia, puesto que somos individuales, el gozo, la paz y la bendición de obedecer a Dios no está limitado a la respuesta y participación de los demás, sino que a su obediencia propia.

LA EDUCACIÓN Y TRATO DE LOS HIJOS

Primera Parte

Tú y tu bebé

En el libro de Jueces capítulo 13 se encuentra la narración del ángel que anunció el nacimiento de Sansón a la madre. Cuando el padre se enteró, hizo una petición a Dios que conviene que nosotros meditemos. Jueces 13.8, 12: *«Entonces oró Manoa a Jehová … y nos enseñe lo que tengamos que hacer con el niño que va a nacer.… Cuando tus palabras se cumplan, ¿cómo debe ser la manera de vivir del niño? y ¿qué debemos hacer con él?»*

En la respuesta del ángel, encontramos dos aspectos muy importantes que analizaremos detalladamente en este estudio. Por ahora, sólo voy a mencionarlos. Versículo 13: *«La mujer se guardará de todas las cosas que yo le dije»*, esto se refiere a los versos 4 y 5: *«Ahora pues, no bebas vino ni sidra, ni comas cosa inmunda. Pues he aquí que concebirás y darás a luz un hijo y navaja no pasará sobre su cabeza, porque el niño será nazareo a Dios desde su nacimiento y él comenzará a salvar a Israel de manos de los filisteos.»*

La madre debía abstenerse de lo mismo que al hijo se le

requeriría como nazareo, o sea que el entrenamiento del bebé comenzaría en la vida de los padres y el llamado al niño era desde el vientre de su madre.

Esto nos presenta la necesidad de considerar el entrenamiento de los niños con una perspectiva más amplia que la limitada al entendimiento humano, pues si nosotros no empezamos a entrenar al niño en lo positivo, estaremos permitiendo su entrenamiento negativo. Por eso es importante que consideremos lo que la Biblia dice de tú y tu bebé.

La Responsabilidad de los Padres

Como vimos en el caso de Sansón, la madre tenía que empezar a comportarse como se le requeriría a Sansón que se comportara. Poniendo esto en fraseología sencilla significa que los padres deben vivir por las mismas normas que impongan a sus hijos. La Biblia lo describe así:

> *Deuteronomio 6.6–7: «Y estas palabras que yo te mando hoy, estarán sobre tu corazón y las repetirás a tus hijos y hablarás de ellas estando en tu casa y andando por el camino y al acostarte, así como cuando te levantes.»*

Padres rebeldes no pueden entrenar hijos obedientes, padres orgullosos no pueden entrenar hijos humildes, madres que desafían la autoridad del esposo no pueden entrenar hijas sumisas. ¿Por qué? Porque la ley de Génesis indica que todo se reproduce «según su género, según su especie».

La vida de los padres será la influencia mayor en el entrenamiento de ese bebé, aún antes de salir a la luz.

Está comprobado que el bebé, en el vientre, absorbe más de lo que la madre toma físicamente. Lo mismo pasa con las emociones negativas y los sentimientos incorrectos. Sin embargo, Dios no deja a los padres con una carga que no puedan llevar. Por el contrario, les provee los medios necesarios para disfrutar de su bebé y gozarse en verlo crecer para la gloria de Dios.

Proverbios 23.24–25: «Mucho se alegrará el padre del justo y el que engendra sabio se gozará con él.»

Proverbios 29.17: «Corrige a tu hijo y te dará descanso y dará alegría a tu alma.»

Salmos 127.3: «He aquí, herencia de Jehová son los hijos; cosa de estima el fruto del vientre.»

La herramienta que Dios pone en las manos de los padres para que éstos puedan instruir al niño, es la autoridad delegada. Cada niño nace consciente de que debe obedecer a sus padres. Si los padres son fieles administradores de Dios de esa autoridad delegada, podrán corregir la actitud negativa del niño desde su temprana edad y disfrutarán así de la bendición que Dios les da en ese bebé. Por el contrario, si los padres descuidan esa función y responsabilidad, sufrirán las consecuencias de tener hijos rebeldes.

Oseas 4.6: «Mi pueblo fue destruido, porque le faltó conocimiento. Por cuanto desechaste el conocimiento, yo te echaré del sacerdocio y porque olvidaste la ley de tu Dios, también yo me olvidaré de tus hijos.»

Proverbios 10.1b: «...pero el hijo necio es tristeza de su madre.»

Proverbios 29.15b: «...mas el muchacho consentido avergonzará a su madre.»

Autoridad significa: «El derecho de gobernar, el poder de actuar, decidir, ordenar y juzgar una cosa». Así como Dios da esa autoridad a los padres, por otro lado, ordena a los hijos a honrar y respetar a los padres. Esto puede dar lugar a esta pregunta: Si los hijos deben respetar a los padres y si Dios ha dado autoridad a los padres, ¿por qué hay conflicto en la educación del niño? La respuesta es sencilla.

La Naturaleza del Niño

Aunque un niño nace sin pecado y Dios dice que de los tales es su reino, el niño nace bajo la naturaleza de pecado. Génesis 5.1 dice:

«...creó Dios al hombre, a semejanza de Dios lo hizo», pero luego añade en el verso 3: *«Y vivió Adán ciento treinta años y engendró un hijo a su semejanza, conforme a su imagen, y llamó su nombre Set.»* Esto nos presenta la doble naturaleza del niño como parte de la raza humana. Veamos algunos ejemplos:

> *Salmos 51.5: «He aquí, en maldad he sido formado y en pecado me concibió mi madre.»*

> *Salmos 58.3: «Se apartaron los impíos desde la matriz. Se descarriaron hablando mentira desde que nacieron.»*

Básicamente, la naturaleza carnal es egocéntrica. Todo niño es egoísta, o sea que piensa en sí mismo sin importarle los demás. Por eso, el padre tiene que entrenar al niño y no asumir que por sí solo hará lo correcto. Por otro lado, es necesario reconocer que el bebé es dádiva de Dios y que Dios es su padre. 12.9: *«Por otra parte, tuvimos a nuestros padres terrenales que nos disciplinaban y los venerábamos, ¿por qué no obedeceremos mejor al padre de los espíritus y viviremos?»*

Esto implica que el bebé es espíritu, alma y cuerpo. El espíritu no tiene edad, su crecimiento no está limitado al tiempo. Puede ser alimentado desde el vientre de la madre.

> *Salmos 22.9–10: «Pero tú eres el que me sacó del vientre; el que me hizo estar confiado desde que estaba a los pechos de mi madre. Sobre ti fui echado desde antes de nacer del vientre de mi madre, tú eres mi Dios.»*

> *Isaías 49.1: «Oídme costas y escuchad pueblos lejanos. Jehová me llamó desde el vientre, desde las entrañas de mi madre y tuvo mi nombre en su memoria.»*

> *Jeremías 1.5: «Antes de que te formase en el vientre te conocí y antes que nacieses te santifiqué, te di por profeta a las naciones.»*

> *Gálatas 1.15: «Pero cuando agradó a Dios, que me apartó desde el vientre de mi madre y me llamó por su gracia.»*

Lucas 1.41, 44: «Y aconteció que cuando oyó Elizabeth la salutación de María, la criatura saltó en su vientre y Elizabeth fue llena del Espíritu Santo y exclamó a gran voz y dijo: Bendita tú entre las mujeres y bendito el fruto de tu vientre, ¿por qué se me concede esto a mí, que la madre de mi señor venga a mí? Porque tan pronto como llegó la voz de tu salutación a mis oídos, la criatura saltó de alegría en mi vientre.»

Lucas 1.15: «Porque será grande delante de Dios. No beberá vino ni sidra y será lleno del Espíritu Santo, aun desde el vientre de su madre.»

Una conclusión lógica es que no depende del entendimiento humano, por lo tanto, puede oír la Palabra de Dios en el idioma que sea, y ser edificado. *Lucas 1.80a: «Y el niño crecía y se fortalecía en espíritu….» Lucas 2.40: «Y el niño crecía y se fortalecía y se llenaba de sabiduría y la gracia de Dios era sobre él.»*

El alma no tiene edad, así que su crecimiento y desarrollo no están limitados al cuerpo. El alma es entrenada desde bebé; no enseñada, sino entrenada. Para poder aprender, se requiere la participación del entendimiento y la voluntad. De lo contrario, sería un entrenamiento como el de los animales, subconsciente.

El alma depende más de las emociones y sentimientos que del entendimiento y éstos llegan a gobernar al ser humano cuando el espíritu no ha sido fortalecido.

La Biblia pone mucho énfasis en la mente y la voluntad. Es imposible precisar a qué edad los niños empiezan a ejercer su libre albedrío, pero desde que son concebidos en el vientre, su mente está recibiendo información. No tiene la facultad de exteriorizarla porque el vehículo para ello no está listo, pero ya recibe información.

Isaías 7.15–16: «Comerá mantequilla y miel, hasta que sepa desechar lo malo y escoger lo bueno. Porque antes que el niño sepa desechar lo malo y escoger lo bueno, la tierra de los dos reyes que tú temes será abandonada.»

El cuerpo sí tiene edad, por consiguiente, su crecimiento y desarrollo está limitado al tiempo. El cuerpo depende del espíritu y del alma, es sólo un vehículo o instrumento para expresar la voluntad del espíritu o del alma.

El Propósito de Dios para los Niños

En contraste al resto de la creación, Dios diseñó que los niños dependan de sus padres por un largo tiempo. Por ejemplo, un elefante a los dos años ha desarrollado completa madurez, un oso en 2 años está listo para afrontar la vida. Sin embargo, el ser humano no está listo física ni emocionalmente antes de 18 o 19 años, ¿por qué?

El niño necesita ser entrenado en el propósito para el cual Dios lo creó, no sólo para sobrevivir como los animales, ganarse la vida, vestirse, etc.. El niño necesita entrenar su alma para conocer y desarrollar su relación con Dios, con los seres humanos y con el resto de la creación.

El Salmos 8.2 y Miqueas 2.9 se presenta como parte esencial y principios de la niñez, la alabanza a Dios. El salmista dice: *«De la boca de los niños y de los que maman, fundaste la fortaleza...»* y Jesús al citar este texto aclara que *«fundaste la fortaleza»* es *«perfeccionaste la alabanza». (Mateo 21.16)* Miqueas lo corrobora cuando dice: *«... a los niños quitasteis mi perpetua alabanza.»*

Es por eso que Dios pone en los padres la función de instruir al niño en su camino y de «repetir» las leyes de Dios. La palabra repetir de Deuteronomio 6.6–7 es «inculcar», que significa repetir con empeño muchas veces una cosa a uno; imbuir (infundir, penetrar) con ahínco (empeño grande) en el ánimo de una idea.

Puesto que menciona que debe hacerse todo el tiempo, es lógico que comienza desde que son bebés, cuando están con los padres todo el tiempo. Repetimos que es un mandamiento a los padres, lo cual los hace responsables ante Dios. Es como repetir la parábola de los talentos, sólo que en lugar de talentos se nos dan hijos; conociendo la parábola, es necesario aplicarla a los hijos. *(Mateo 25.14–30)*

Cómo Entrenar o Instruir a los Niños

¿Qué es entrenar o instruir a los hijos? Veamos…

Entrenar: «Es un proceso por medio del cual, el que está siendo instruido es causado a mostrar los resultados del entrenamiento.» Analicemos esto, paso a paso.

> **Es un proceso:** Esto implica que no es algo que se haga una vez y se cumplió con el entrenamiento, ¡no! significa que tardará muchos meses y años.
>
> **Es causado:** Esto significa que el padre está en una condición de cambiar, de causar cambio en el niño. En otras palabras, el padre causa que el niño sea distinto de lo que sería si se le dejara crecer «libremente».
>
> **Muestra resultado:** Si el niño no muestra el resultado, no ha sido entrenado. Si no muestra el resultado de ser obediente, de ser respetuoso, de ser enseñable en su relación con Dios, el hombre y la naturaleza, entonces no se ha logrado el propósito de la instrucción o entrenamiento.
>
> **Entrenar significa levantar el propósito.** Por ejemplo, si se planta un rosal, no sólo se pone el vástago y se le dice ¡crece rosal, crece! Tampoco se le deja que eche sus ramas por donde quiera, sino que se le ponen guías o varas por donde se quiere que vaya y tome la forma deseada. Luego, cuando florece, es una planta hermosa que cumple su propósito. Asimismo, hay que limitar la inclinación natural del niño de ir por donde él quiere y trazarle una senda, para que cuando sea adulto y fructifique, cumpla su propósito de glorificar a Dios.

Instruir: Significa iniciar o dedicar a su hijo en una dirección, en el camino que debe seguir para glorificar a Dios.

Puesto que el bebé está recibiendo información desde que está en el vientre, conviene repetir que la influencia mayor de su entrenamiento son los padres. El bebé está como esponja, absorbiendo el estado de ánimo que reina en la casa y especialmente en los padres. En la introducción, vimos que la madre habría de abstenerse de las cosas que afectan al niño, lo cual refuerza el concepto de que si las cosas físicas, materiales, como la comida, afectan al bebé ¡cuánto más las cosas emocionales y espirituales!

El primer paso en el entrenamiento de los niños. Es, por lo tanto, establecer la relación correcta con los padres, con Dios y con ellos mismos. Con Dios implica que los padres entiendan que el bebé no es sólo consecuencia de una relación física; que es un préstamo de Dios, quien es el único que puede dar vida; que el bebé es espíritu y que está consciente en el espíritu de todo lo que acontece; que son responsables ante Dios del futuro de ese bebé y que Dios ha diseñado un patrón, unas normas, por medio de las cuales se debe instruir al bebé.

Los padres necesitarán, por lo tanto, buscar la dirección de Dios, según Él la ha dado en la Biblia y no guiarse por tradiciones, ni enseñanza humanista, ni la llamada psicología, ni cualquier otra cosa que sea contraria al diseño de Dios en su Palabra. En cuanto a la relación de los padres entre sí, significa que al acatar las normas bíblicas cada uno de ellos aceptará y actuarán conforme a la función indicada por Dios en su Palabra. Al asumir cada cónyuge su posición correcta delante de Dios, la bendición de Él se manifestará en paz en ese hogar, lo cual proporcionará un ambiente propicio para el entrenamiento del bebé.

Será necesario que los padres se alimenten de la Palabra de Dios y que busquen vivir conforme a su instrucción, pues como dije al principio, uno reproduce lo que es, no lo que aparenta ser. Aunque se cubra de hojas de durazno y se le cuelguen duraznos en todas las ramas a un naranjal desde que es un árbol tierno, no se podrá evitar que cuando dé fruto, sean naranjas.

El siguiente paso será alimentar al bebé desde que está en el vientre con la Palabra de Dios y también con música que brinde paz a su espíritu y alma. Es importante recordar que los textos que mencioné anteriormente indican que los niños son para la alabanza perpetua de Dios. No los haga escuchar música ni canciones mundanas, aliméntelos con salmos y cantos de alabanza y adoración. Esto es aplicable no sólo a bebés en el vientre, sino que aun a niños mayores. Yo lo puse en práctica con mi hijo cuando tenía 8 años y el resultado fue rápido. Desde luego, esto funciona aún con adultos.

Conforme el bebé va creciendo, necesitará más entrenamiento que sólo la ministración de la Palabra y la música. Por consiguiente, es importante que entendamos algo en cuanto al entrenamiento bíblico.

Hay dos aspectos básicos en el entrenamiento del niño, los cuales dependen de su edad. Uno, es **el control** y el otro es **la enseñanza**. El aspecto del control del niño se refiere a las edades desde el nacimiento hasta un poco antes de la adolescencia. Básicamente, es un tiempo de leyes, en el cual se requiere obediencia sin explicaciones y en el que se imponen al niño la mayoría de restricciones.

Es un tiempo de cumplimiento forzado. Desde luego, no significa control sin enseñanza hasta esa edad, sino que un cambio gradual según el niño vaya mostrando obediencia y habilidad de entender instrucciones.

Puesto que el aspecto del control es el más importante de entender, le dedicaremos un poco más de atención, pero antes de hacerlo, quiero aclarar por qué es tan importante. «Donde no se tiene el control del niño, o sea su obediencia y respeto, no se le puede enseñar.» Por eso, el control es prioridad bíblica en el entrenamiento del niño.

Proverbios 29.15: «La vara y la corrección dan sabiduría; más el muchacho consentido avergonzará a su madre.» Consentido significa «sin restricción.» Da la idea de dejar suelto a un animal en un campo abierto. Este versículo enseña que las limitaciones puestas por los padres harán crecer al niño en sabiduría, pero dejarlo sin control traerá vergüenza a sus padres.

1 Samuel 3.13: «Y le mostraré que yo juzgaré su casa para siempre, por la iniquidad que él sabe; porque sus hijos han blasfemado a Dios y él no los ha estorbado.» Esta porción aclara la responsabilidad que Dios pone en el control de los padres sobre los hijos.

El juicio será «para siempre», ¿por qué? «Por la iniquidad que él sabe». Dios nunca juzga a alguien, sin tratar antes con él para que se ponga a cuentas con Dios y corrija su camino.

«Iniquidad» significa «acción contraria a la equidad, injusticia, desviarse de lo recto». Implica que se tiene conocimiento del mal que se está haciendo.

«Porque sus hijos» si los hijos son los pecadores ¿por qué juzgará Dios al padre? Pues está escrito: *«El padre no llevará el pecado del hijo.»* La respuesta es... *«y él no los ha estorbado»* o sea, él no los ha restringido, no los ha controlado. Si Dios juzga por no controlar a los hijos, es porque Él ha dado esa potestad a los padres.

Dejar a los hijos sin control no es amor sino egoísmo, porque no cuesta nada, pero controlar implica no buscar la comodidad del padre, sino el bienestar del hijo, *«el amor no busca lo suyo...»*.

El aspecto de la enseñanza es más sencillo, pues una vez que se tiene la obediencia y el respeto de los hijos, ya se puede pasar a explicarles las razones de las reglas y restricciones. Puesto que, para poder enseñar al niño, se tiene que razonar con él, implica que debe tener edad y habilidad para comprender, pues el entrenamiento será enfocado en la mente consciente del niño, a fin de que sea un acto de su voluntad.

Algunos Pasos en la Enseñanza del Niño

1. Establecer normas. Por normas me refiero a «reglas, principios o medios de juzgar o estimar; un criterio, una medida». Estas son las reglas que esperamos que nuestros hijos cumplan y deben incluir normas para conducta moral como honestidad, confiabilidad, disciplina personal, respeto a otros y responsabilidad por sus propios hechos. Estas, desde luego, están basadas en la Biblia.

Los padres deben asegurarse de que sus instrucciones sean entendidas antes de requerir que se cumplan, y aún más, antes de castigar por su quebrantamiento. *Romanos 14.19b: «...pero donde no hay ley tampoco hay transgresión.» Romanos 9.13b: «...pero donde no hay ley, no se culpa de pecado.»*

Siguiendo el ejemplo bíblico, es sabio establecer el castigo con anticipación. De esa manera, el niño sabe lo que le espera y los padres no caen en injusticia, inconsistencia, ni frustración.

2. Reprender por la desobediencia. La reprensión tiene dos propósitos:

a) Exponer el mal; sacarlo a luz. Si no se reprende al niño por el mal que hace, él aprenderá a justificarse pasando la culpa a alguien, a las circunstancias o a alguna otra persona.

b) Convencer al niño de su culpabilidad. En otras palabras, hacerlo afrontar el hecho de su culpabilidad. Algo importante es entender que la culpabilidad no es un sentimiento sino un estado.

3. Requerir que se admita la culpabilidad. Esto tiene tres propósitos:

a) Limpia la conciencia y la edifica. Desde que nace, el niño tiene conciencia de ciertas cosas que son buenas y otras malas. Requerir que admita su culpabilidad le ayuda a limpiar su conciencia y le fortalece en sus decisiones.

b) Manifiesta la sumisión del niño a la autoridad paterna. Esta es la forma más clara de discernir si el niño reconoce y respeta la autoridad de los padres.

c) Enseña al niño a aceptar responsabilidad por sus propios hechos, pensamientos o actitudes. Esta es una de las necesidades fundamentales para desarrollar y alcanzar madurez.

4. Perdonar al niño. Hay que hacerle saber al niño que es perdonado, si es muy pequeño para entender la declaración oral, entonces un abrazo, un beso o una muestra de amor será adecuada.

Es necesario perdonar de la misma forma que Dios nos perdona a nosotros. *Salmos 32.5: «Mi pecado te declaré y no encubrí mi iniquidad. Dije: confesaré mis transgresiones a Jehová y tú perdonaste la maldad de mi pecado.» Jeremías 31.34b: «...porque perdonaré la maldad de ellos y no me acordaré más de sus pecados.» Isaías 43.25: «Yo soy el que borro tus rebeliones por amor de mí mismo y no me acordaré de tus pecados.»*

5. Castigarlo por su desobediencia. Si el niño ha aceptado su culpabilidad, estará preparado para recibir el castigo con una actitud correcta. *Romanos 13.4: «Porque es servidor de Dios para tu bien. Pero si haces lo malo, teme porque no en vano lleva la espada, pues es servidor de Dios, vengador para castigar al que hace lo malo.»*

a) El niño debe aprender lo más temprano posible que él tendrá que pagar sus errores. Los padres que no dejan que sus hijos aprendan esa lección y siempre están pagando por las malas obras de ellos, los están dañando.

b) El castigo no debe ser siempre corporal. La vara es sólo para corregir la rebeldía, no cualquier falta. Hay que entender que hay diferencia entre rebeldía y desobediencia.

c) El castigo debe ser compatible con la falta, pues la meta del castigo es la retribución. La Biblia nos da el ejemplo al decir «ojo por ojo y diente por diente».

Consejos e Instrucción Adicional

Una de las verdades más edificantes en nuestra vida, es saber que la Palabra de Dios y todas sus enseñanzas son aplicables a todo lo que rodea al ser humano, lo cual indica que las enseñanzas que han sido fundamentales en la vida de los padres, también lo serán en la de su bebé. Veamos un ejemplo:

1. **Identidad espiritual o individualidad.** Hemos aprendido que muchas de las limitaciones de los jóvenes y adultos han surgido por la ignorancia de su identidad en el Señor, han creído la información negativa y anti-bíblica que sus padres, maestros, compañeros y sociedad les transmitieron. Tú debes hablar a tu bebé la verdad—en otras palabras, lo que dice la Biblia. No te guíes por las circunstancias ni apariencias. Haz un cuadro de fe de tu bebé y empieza a declarárselo.

2. **Propósito y visión o poder y forma.** La paz, gozo y libertad que trae saber que la razón por la cual Dios nos creó es que seamos para su gloria, debe ser transmitida al bebé por medio de declaraciones amorosas y por manifestarle el gozo de tenerlo. La visión se empieza a transmitir al preparar las normas o requisitos en la disciplina del niño, para que refuercen los conceptos de la imagen de Cristo, la unidad y la proclamación.

3. **Entrenar el alma o auto gobierno.** Esta será la tarea más importante en la educación del niño, por lo tanto, es mejor comenzar desde que es un bebé. El proceso de entrenar el alma es injertar la Palabra de Dios en el espíritu del niño que se encuentra en la Biblia, para que esta Palabra sea la norma que rija y controle sus emociones.

4. **Pacto y compromiso o unidad y unión.** Puesto que nosotros como padres entendemos que Dios es un Dios que guarda el pacto, es nuestra responsabilidad ser fieles a nuestros hijos y administrarles amor constante, para que cuando crezcan les sea fácil entender el concepto. En síntesis, lo que queremos comunicar a nuestros hijos es que los amamos por lo que son (dádivas de Dios) no por lo que hacen.

5. **Orden de gobierno o sembrar y cosechar.** Aunque todas las enseñanzas son importantes, ésta es una de las más necesarias, pues la tendencia natural en todo ser humano es revelarse a la autoridad. Por lo tanto, los padres deben modelar un hogar en el cual se respete el orden establecido por Dios y la autoridad delegada para el niño. Lo que queremos

transmitir al niño es que Dios está en control de todo. Por lo cual, podemos confiar en que Él velará por nosotros y que la actitud que manifestamos a los que están en autoridad sobre nosotros, será lo que recibiremos de nuestro hijo y otros bajo nuestra autoridad.

6. **Transparencia o carácter cristiano.** Si ante nuestros hijos reconocemos cuando fallamos y cuando no sabemos algo, pero mostramos nuestra disposición a cambiar y a aprender, estaremos entrenándolos a desechar la hipocresía. Especialmente la forma como reaccionemos ante las injusticias y abusos de otros, ayudará a enseñar a los hijos la bendición de sufrir por el Señor.

7. **Multitud de consejeros o mayordomía.** La naturaleza humana es egoísta, por eso Dios instruye a que busquemos consejo, pues esto evita que se alimente el ego y el espíritu independiente. Comentar las cosas como familia modelará para sus hijos el beneficio de la multitud de consejeros. Especialmente, en decisiones importantes, tus hijos deberán aprender que tú buscas el consejo de los líderes espirituales antes de tomar cualquier decisión.

Otro consejo práctico es que los padres presenten unidad delante de sus hijos. La tendencia natural en el niño es dividir a los padres para salirse con la suya y los padres no deben caer en ese error.

Si uno de los padres ha dicho algo o ha dado alguna instrucción, el otro debe respaldarlo ante los niños, aunque no esté de acuerdo. Luego, deberán discutirlo en privado y si hay necesidad de hacer algún cambio, debe hacerlo quien dio la instrucción a los niños. Por ejemplo, si la madre dice a un niño, «No puedes salir por tres semanas», el padre debe apoyarla delante del niño. Después, hablar a solas con mamá y explicarle que el castigo es muy drástico o injusto y que basta con que el niño no salga durante dos días. Entonces, será la madre quien llegue al niño y le diga, «Hijo, he meditado en el castigo y creo que te voy a dar otra oportunidad, sólo te prohíbo salir dos días.»

Otro concepto bíblico que los padres deben practicar es el que presenten los siguientes versículos:

Proverbios 1.8: «Escucha, hijo mío, la instrucción de tu padre y no desprecies la dirección de tu madre.»

Proverbios 6.20: «Guarda, hijo mío, el mandamiento de tu padre y no dejes la enseñanza de tu madre ... porque el mandamiento es lámpara, la enseñanza es luz y las reprensiones que te instruyen son el camino de vida.»

Básicamente, lo que estos textos enseñan es que el padre pone el mandamiento y da la instrucción. En otras palabras, las normas que han de regir al niño. Usando los principios, podemos decir que él representa el poder.

La madre da dirección para cumplir la instrucción y enseña cómo obedecer el mandamiento. Ella representa la forma.

En la ilustración de la lámpara y luz, vemos que quien provee el medio, el instrumento, la norma o parámetro para que el niño pueda ser instruido es el padre; pero quien le ayuda a hacerlo entender y hacer su efecto mucho más amplio y productivo, es la madre. Por ejemplo, el padre dice al niño: «Sé ordenado en tus cosas». Ese es un mandato, una instrucción, pero para que el niño pueda cumplirla, la madre interviene con dirección específica y enseñanza, tal como: «Tiende tu cama, luego pon la ropa sucia aquí y después de estudiar, guarda tus útiles en este lugar, etc..»

Muchas veces, se oyen comentarios como: «Me gustaría que un día el padre se quedara en casa y la madre saliera en lugar del padre, para que vea lo duro que es cuidar de los hijos todo el día.» A eso quiero responder:

Dios diseñó al hombre y a la mujer para funciones específicas y los padres no deben dejarse influenciar por argumentos humanistas y mundanos, sino reconocer el diseño de Dios. Platicar entre ellos y buscar el consejo para funcionar mejor y no contradecir el diseño de Dios.

En toda regla hay excepciones. Por lo tanto, es posible que una mujer funcione muy bien trabajando fuera de la casa y el hombre tenga la habilidad de cuidar de la casa y los niños—pero repito—eso es una rara excepción, no el diseño original de Dios.

Conclusión

Dios desea bendiciones con cada bebé que nos da. No nos ha dejado sin recursos para entrenarlos y gozar de ellos. Si nos aplicamos en conocer y practicar los principios bíblicos, experimentaremos menos fricciones y los problemas serán fáciles de resolver. No dije que no tendremos fricciones ni problemas, pues eso es imposible de evitar. Sólo mencioné que será más fácil solucionarlos.

Sobre todo, practiquemos el buscar consejo y ser constantes en la oración y en la lectura de la Palabra de Dios, lo cual nos capacitará a entender mejor su plan para nosotros.

Segunda Parte

Tú y tu Hija

El mayor deseo o meta final de cada pareja que tiene hijas, debe ser el desarrollo de esas niñas para llegar a ser mujeres equilibradas, estables y que honren al Señor. Tal desarrollo no sucede por sí solo. Es el resultado de una planificación cuidadosa y mucha oración, unida a un entrenamiento constante en el hogar. El libro de Proverbios menciona varios tipos de mujeres: la mala y la buena, la necia opuesta a la sabia, la contenciosa opuesta a la agraciada, la extraña opuesta a la virtuosa y la indiscreta opuesta a la temerosa de Dios.

En este estudio, revisaremos los rasgos de estos tipos de actitudes en las mujeres. Conforme examinemos algunos proverbios seleccionados, desearemos descubrir qué se dice de cada una y cómo los padres pueden implementar los consejos que capaciten a sus hijas a lograr su potencial completo y llegar a ser mujeres de carácter y madurez.

La Mujer Necia vs. la Mujer Sabia *(Proverbios 14.1)*

Salomón instruye: *«La mujer sabia edifica su casa, más la necia con sus manos la derriba.»* El término hebreo en que se traduce «necia» significa «gruesa, perezosa, lerda y torpe» y se utiliza para describir a alguien que es insensible a Dios, fuertemente voluntariosa y con falta de ternura. Se le presenta como alguien que derriba su propia casa. Para ser específico, la derrumba llevándola a la ruina. Por contraste, la mujer sabia «edifica» su casa. Es constructiva, ayuda a establecer y trabajar hacia una relación fuerte y sólida. Consideraremos primero los rasgos de una joven necia y después identificaremos formas en las cuales se puede tratar con ella.

Los rasgos de una joven necia:

Proverbios 20.11: «Aún el muchacho es conocido por sus hechos, si su conducta fuere limpia y recta.» Este proverbio nos dice que los jóvenes de ambos sexos se distinguen por medio de lo que practican y por su conducta. «Distinguir» significa llamar la atención a algo. Conforme observamos los hechos de los niños, se nos indica lo que ellos son. La joven necia se identifica por las siguientes prácticas:

1. **Es alborotadora:** Proverbios 9.13, la idea es que murmura en su corazón, que tiene una actitud negativa, tumultuosa y turbulenta. Proverbios 15.27 nos da una causa del alboroto: la codicia. La codicia es un indicio de insatisfacción y falta de gratitud. Es consecuencia de comparación negativa y de expectativas insatisfechas. Esto puede ser a causa también de los padres que quieren dar tanto a sus hijos, que no les inculcan el valor y el precio de lo que les dan. *Proverbios 9.13: «es simple; fácil de seducir…»*, en 2 Timoteo 3.6 se le llama «mujercilla» que es cautivada o seducida por los hombres. Además, *«siempre están aprendiendo y nunca pueden llegar al conocimiento de la verdad.»* Este versículo presenta dos causas: la primera es su simpleza o tontería y la segunda es culpabilidad. Cuando los pensamientos y las conversaciones de una muchacha son sobre cosas vanas y sin valor, cuando

permite que pecados no confesados se acumulen en su conciencia, se convierte en una presa fácil para Satanás. *(Proverbios 22.3; 27.12)*

2. **Es ignorante:** En el sentido de moral y pudor. No conoce el pudor. Proverbios 12.1 nos aclara por qué se es ignorante, por aborrecer la reprensión, está manifestando rebeldía y es voluntariosa. Por consiguiente, llegará a cosechar los frutos de tal actitud. *(Proverbios 17.11)*

3. **Se burla de la culpabilidad y el pecado.** *(Proverbios 9.17)* La joven necia tiene la conciencia dura y callosa. Vive sólo para hoy e ignora el mañana. El humanismo ha estado minando poco a poco los valores eternos, presentando la mentira de que la realización de la persona es aquí y ahora. Por lo tanto, limitarse de placer, aventura y gustos por un mejor mañana, es una tontería, ridículo y fanatismo religioso. Sigmund Freud, el padre de la psicología moderna, fue el motivador de mucho de lo que oímos hoy en día, tal como: «Deja tus inhibiciones», «Deja de frenar tus impulsos sexuales», «Si te sientes bien, hazlo», «Sé libre», etc. El 21 de septiembre de 1939, Freud murió. ¿Cuál fue la causa? Cáncer en la mandíbula. Los doctores le habían advertido que el hábito de fumar lo estaba matando, pero él no podía dejar el vicio. Era esclavo del cigarrillo. La Biblia advierte: *«...sabed que vuestro pecado os alcanzará.» (Números 32.23)*

4. **Es engañadora.** *(Proverbios 14.8)* El engaño es la habilidad de mirar a los ojos de alguien y decir que algo está ocurriendo, cuando en realidad no es así. Esto va acompañado de lo anterior, puesto que se burla del pecado, automáticamente ella está engañada y actúa sin remordimiento. *(1 Juan 1.8)* Muchos padres son los responsables directos de esta actitud, pues cuando la niña miente lo toman como algo gracioso o celebran su ingenio cuando engaña a su hermanito o amiguita al jugar.

5. **Es argumentadora y contenciosa.** *(Proverbios 20.3)* Cuando el término «contención» se utiliza en este contexto, significa «irrumpir» en palabras comunes, estallar en berrinche. El

2. argumento por sí solo no tiene que ser malo. No obstante, en este caso, no es el proceso correcto de presentar razones en pro o en contra de un punto, sino que sencillamente se limita a estar en desacuerdo con lo que se le requiere, con fundamento en el hecho de que es contrario a su voluntad. En otras palabras, rebeldía. Padres que practican explicar a sus hijas pequeñas por qué tienen que irse a la cama a tal o cual hora; por qué no pueden tocar tal cosa en la tienda; por qué no pegarle al vecino en la cara, etc., están sembrando semillas de argumento y contención en sus hijas.

Formas de tratar con una Joven Necia

Las prácticas que hemos considerado pueden parecer el comportamiento normal de un niño. Son normales en el sentido de que son carnales, pero no son aceptables. El simple hecho de dejar tranquila a una niña que tiene estas características es animarla pasivamente a una vida vacía y de miseria cuando sea adulta. Los padres que optan por este camino, están cimentando un camino de tristeza para ellas. *(Proverbios 17.21)* Si la niña es una jovencita y el uso de la vara es aplicable, entonces debe ser aplicada. *(Proverbios 22.15)* Es cierto que la conducta antes mencionada no se debe tolerar. En un sentido positivo, ciertos proyectos que ayuden a la chica en la dirección correcta para llegar a ser una mujer sabia, pueden complementar la corrección.

Aquí hay algunas sugerencias basadas en Proverbios 31.

1. **Convénzala del valor de su estima.** *(Proverbios 31.10)* Comience por enseñarle qué es creación y diseño especial de Dios. *(Salmos 139.13–16)* Ayúdele a entender que es un ser eterno y a diferenciar entre los valores temporales y los eternos.

2. **Enséñele el valor de un corazón de servicio.** *(Proverbios 31.11–12)* Muéstrele cómo las personas que han sobresalido, tanto en la Biblia como en la historia, han sido personas (hombres y mujeres) que han tenido como meta servir a Dios, a su pueblo, a sus padres, a sus jefes. Aclárele que al

único al que Jesucristo ofrece galardón y aprobación es al «buen siervo». *(Mateo 25.21)*

3. **Enséñele la habilidad en sus manos.** *(Proverbios 31.13)* Anímela desde niña a pintar, tocar algún instrumento o a trabajar con «lana y lino».

4. **Enséñele cómo manejar el dinero.** *(Proverbios 31.14–16)* Permítale participar en la compra del pan, otros alimentos o cosas de precio fijo. Instrúyala en el principio de dar a Dios el diezmo. Enséñele cómo ahorrar metódicamente para un fin específico, como la compra de un par de zapatos.

5. **Enséñele la bendición del trabajo duro.** *(Proverbios 31.19, 27)* Hágala partícipe de los quehaceres de la casa, no como un castigo, sino como resultado de ser parte de la familia. Enséñele a mantener sus cosas en orden. Enséñele a valorar lo que tiene, a no desperdiciar la comida y a ser agradecida.

6. **Enséñele el temor a Jehová.** *(Proverbios 31.30)* Instrúyala en la sabiduría de no compararse ella o lo que tiene, ni lo que puede o no puede hacer. *(2 Corintios 10.12)* Ayúdela a ver que su expectación debe estar sólo en Dios, no en ninguna otra persona o cosa. De lo contrario, se frustrará *(Salmos 62.5)* (la palabra «esperanza» en hebreo es también expectación).

La Mujer Contenciosa vs. La Mujer Agraciada

Proverbios 19.13; 21.9–19; 27.15–16. En cada uno de estos pasajes, se hace referencia a la mujer contenciosa. Es una mujer dada a la contención, cólera y argumentos críticos y regaños continuos. Se puede decir que es una mujer que busca peleas, discute de todo por naturaleza y prefiere irrumpir violentamente. En cada caso, el resultado es miseria para el esposo y no sólo para él, sino para toda la familia.

En contraste, la mujer agraciada muestra favor, consideración y aceptación, por lo que consigue honra entre los que la rodean. *(Proverbios 31.11–16)*

Indicios o rasgos de una joven contenciosa:

Uno está implícito en el contexto. El otro se observa en las relaciones familiares fracturadas o rotas.

1. **Ella tiene una voluntad inquebrantable.** En los textos anteriores el término «rencillosa» viene de la raíz que significa: «ser obediente, sumisa, dirigida y gobernada». Por lo tanto, el ser «rencillosa» sugiere exactamente lo opuesto de su raíz. En otras palabras, con el paso del tiempo, hay pérdida de *sumisión* en su interior, pérdida de un espíritu de conformidad. Ella ha desarrollado una ruta, un sendero fuerte y obstinado, un espíritu no quebrantado.

    a) La obediencia es el elemento indispensable para tener prosperidad, tanto en lo espiritual como en lo material; pero para que la mujer llegue a ser obediente o agraciada, se le debe enseñar y entrenar desde niña.

    b) Sumisa describe a una muchacha que ha aprendido la obediencia; conoce el valor de acatar las instrucciones y ha experimentado el dolor y consecuencia de rebelarse.

    c) Dirigida y gobernada. Ambos términos presentan el principio de que, para que una mujer tenga autogobierno; el hecho de que su espíritu esté gobernado por los principios de la Palabra de Dios, primero necesita como niña y adolescente, tener dirección y gobierno externo por padres amorosos y maestros diligentes.

2. **Una mujer contenciosa o rencillosa pone en evidencia la falta de dominio propio** por no haber tenido esa disciplina en su niñez. A menudo es imitadora de su madre. Madres contenciosas producen hijos contenciosos. En realidad, en un alto grado una niña simplemente refleja el comportamiento de sus padres. Esta es una de las duras realidades de ser padre. Querer que la hija sea obediente por medio de enseñarle y castigarla cuando desobedece, en un ambiente en que los padres llevan (especialmente la madre) una vida de quejas,

rencillas e inconformidad, es frustrante y dañino. Si la hija aprende obediencia de esa forma, será—más que todo—por la misericordia de Dios.

Formas de tratar con una Joven Contenciosa

Cuando una joven de esta naturaleza llega a ser adulta sin que su comportamiento haya sido corregido, es casi imposible cambiarla. Por lo tanto, el trabajo de los padres está preparado y disponible mientras ella es joven y corregible. ¿Qué se puede hacer por ella?

1. **Como padre, evaluar su propio comportamiento en relación a ser o no contencioso.** En base al patrón anterior, los padres pueden auto-examinarse en cuanto a su obediencia a los designios de Dios para el hogar, el trabajo, la iglesia y la sociedad. ¿Son padres sumisos? Esto implica no censurar a sus autoridades, saber respetarse mutuamente y dar ejemplo de ello a sus hijos. ¿Son dirigidos y gobernados? En personas adultas, esto debe ser una manifestación de auto gobierno, no debe necesitarse más la advertencia y el castigo externo. El padre debe ser un hombre dedicado en su casa, trabajo, iglesia y la madre una mujer cooperativa que entiende la función y responsabilidad del esposo; por lo tanto, lo apoya, lo anima y lo ayuda, sin rencillas ni contiendas.

2. **Dar pasos para romper ese tendón: su voluntad.** Algo sumamente importante es aclarar que romper su voluntad, no es lo mismo que dañar o quebrantar su espíritu. Vamos a llamarle: «entrenar el alma». Un paso imprescindible es establecer normas, leyes o requisitos claros, con sus respectivos beneficios y consecuencias. De esta forma, los padres y la hija no se dejarán llevar por sus emociones ni frustraciones en la aplicación del castigo. Por ejemplo, si la norma es ordenar su cuarto antes de salir a jugar, el beneficio es tiempo libre para jugar y la consecuencia de no hacerlo es quedarse en casa. No importará si ese día ella se portó excelente o tuvo mal comportamiento, el hecho de tener el castigo estipulado, impedirá que se mezclen las emociones, tanto positivas como negativas, al ejecutarlo. El segundo

paso es ser constantes en la aplicación de las leyes. Se hizo una encuesta para ver lo que más afectaba a los niños entre estas tres cosas: 1. Demasiada disciplina, 2. Poca o nada de disciplina, 3. Disciplina inconsistente. El resultado fue que los niños más traumatizados y por consiguiente jóvenes rebeldes y adultos frustrados, son aquellos que están bajo disciplina inconsistente. En segundo lugar, los de poca o nada y en tercer lugar, los de menos problemas eran los que tuvieron demasiada disciplina. (Desarrollar las normas, leyes o requisitos es un elemento formidable para evitar caer en la inconsistencia).

3. **Comenzar temprano y trabajar duro.** La disciplina y entrenamiento de los hijos comienza desde que nacen. Pensar que los niños aprenden hasta que entienden es la mayor razón por la cual los padres fracasan en la disciplina de sus hijos. El niño es espíritu, alma y cuerpo. Su espíritu está listo para recibir alimento desde que es un bebé. Ejemplos claros en la Biblia son Juan el Bautista *(Lucas 1.44)* y Samuel. *(1 Samuel 3.7–8)* Así como Dios primero dio la ley y después explicó la gracia, en la disciplina de los hijos, debe aplicarse primero la ley externa (aunque no sea explicada por la falta de habilidad del niño en entender) y cuando ya han sido ejercitados en la ley, cuando llegan a la edad de ser responsables por sí mismos, entonces se les empieza a explicar más y a castigar menos, con el propósito de que lleguen a ejercer auto gobierno sin necesidad de más control o ley externa de los padres. La vara de corrección es necesaria y dará mejor resultado si se usa a temprana edad, unida al amor y la instrucción.

La Mujer Sensual (extraña) vs. la Mujer Virtuosa

Proverbios 2.16–17; 5.3, 6; 6.24–25; 7.5–27; 30.20 El término «extraña» es usado frecuentemente en el libro de Proverbios, cuando se refiere a una joven que se ha vuelto libertina sexual. Salomón la describe como afinando su puntería para cazar «la preciosa alma», *(Proverbios 6.26)* y los hombres entregados a Dios son los primeros en su lista de objetivos. También se le representa como alguien que participa en actos ilícitos y luego termina como alguien que sólo se limpia la boca después de una comida diciendo: «no he cometido maldad». *(Proverbios 30.20)* La palabra «extraña», en hebreo significa: «ser enajenada, separada» y en este caso, se utiliza para describir a una persona que se ha separado de algo que era su costumbre. La mujer extraña es alguien que se separó o se enajenó de su hogar, o sea de la forma en que fue originalmente educada o criada.

Indicios o rasgos de una muchacha sensual: Proverbios nos muestra cinco rasgos que identifican esta clase de hija.

1. **Adula o halaga con sus palabras.** *(Proverbios 2.16)* En su ruta para llegar a ser sensual, desarrolla la habilidad de exaltar las emociones de los muchachos con sus labios. En varios pasajes, Salomón usa términos descriptivos para representar su estilo de hablar: palabras de adulación, palabras que destilan miel, más blandas que el aceite, suavidad al hablar, y zalamería para halagar. El humanismo, en sus diferentes expresiones, ha llevado a la mujer a identificar el éxito y la realización con la seducción, manipulación y libertinaje sexual. Tanto las películas como las «consejeras» femeninas instan a las chicas a comprar y esclavizar a los «jóvenes faltos de entendimiento» *(Proverbios 7.7)* con la zalamería de sus palabras. *(Proverbios 9.21)* Algunos padres pueden estar contribuyendo con esa actitud, cuando acceden a las peticiones de sus hijas por la forma en que se las presentan y no por la consideración de la petición en sí misma.

2. **Elige nuevas amistades y compañeros.** *(Proverbios 2.17)* Las muchachas que se encaminan en dirección de transigencia moral, en otras palabras, a comprometer los valores morales, a menudo sucumben a dos clases de decisiones erróneas: rompen relaciones cercanas o íntimas con amigos de muchos años y seleccionan compañeros que son mayores y más experimentados que ellas. Hay cierto magnetismo espiritual que une a las personas que se rebelan a lo establecido por Dios y los más experimentados pueden discernir cuando una joven está bajo el engaño de «querer ser libre» de las restricciones del hogar y de la iglesia. *(Proverbios 30.17)* El

engaño de querer investigar «lo nuevo y más moderno», salirse del encierro de su casa y sus amigos fue lo que llevó a Dina, hija de Jacob a «ver a los hijos del país» *(Génesis 31.1)* que fue la causa de su deshonra.

3. **Se olvidó del pacto (promesas) de su Dios.** *(Proverbios 2.10)* Los padres deben tener la responsabilidad de mantener las promesas que sus hijos hacen a Dios, vivas en sus mentes. De otra forma, los problemas del desarrollo extinguirán esas promesas. También debe enseñárseles la seriedad del pacto. Es inevitable que las chicas sean tentadas a participar de «... los deseos de la carne, los deseos de los ojos y la vanagloria de la vida...» *(1 Juan 3.16)* y como «nadie puede servir a dos señores», tendrá que desatender a Dios, olvidándose de Él y lo que han prometido, para experimentar «los deleites temporales del pecado». *(Hebreos 11.25)* Quizá ella ignora la seriedad de su compromiso *(Números 30.3–5)* si el padre calló, ahora es necesario aclarar a su hija la seriedad de sus votos. *(Proverbios 20.25)* El hecho de que lo ignore o diga que no fue en serio, que era muy joven, etc., no le resta seriedad y Dios que es fiel, cumplirá lo que ha prometido, tanto lo positivo como lo negativo. En este caso, «destruya la obra de tus manos». Dicho de otro modo, fracaso en todo lo que emprenda: estudios, trabajo, matrimonio, etc.

4. **Se viste sugestivamente.** *(Proverbios 7.10)* Salomón la describe como «ataviada de ramera». Los padres que se interesan, empiezan desde temprana edad a establecer normas y guías en el vestir para sus hijas. La forma en que uno se viste anuncia sus intenciones y algunas veces, hasta puede declarar o aparentar algo que no es su intención. No sólo la ropa insinúa y hace declaraciones, sino también los ojos. *(Proverbios 6.26)* En la Biblia está lo que se llama: «ley de la primera mención», lo cual implica que cuando se menciona algo por primera vez, en esa mención hay rasgos, características y enseñanzas que, aunque después no se mencionen, quedan implícitas a lo largo de la Biblia sobre ese tema. Siguiendo esa norma, la primera vez que se menciona la vestimenta es en Génesis 3.7, donde Adán y

Eva *«cosieron hojas… y se hicieron delantales»* y es obvio que la razón de ello era «cubrir su desnudez» y se limitaron a cubrirse de la cintura para abajo. La palabra hebrea que se utiliza para «delantales» significa un cincho de la «cintura». Luego vemos la respuesta de Dios a eso en Génesis 3.21, Dios desecha la cobertura parcial de Adán y Eva y los cubre con túnicas. La palabra hebrea significa «cubrir» y las otras menciones de túnicas aclaran «desde los hombros». Los padres deben inculcar a sus hijas que no se conformen a las modas, sino que sean decentes en su forma de vestir. Usando la misma ley para maquillarse los ojos, la Biblia sólo menciona tres veces el tema y la primera es 2 Reyes 9.30. Para comenzar, el hecho de que la que se maquilla es Jezabel dice mucho por sí solo, el maquillarse aquí referido, consistía en maquillarse las cejas, los párpados y las pestañas con un polvo negro llamado «*kohl*». El arco de las cejas era alargado y las pestañas maquilladas, dando contraste para que lo blanco de los ojos se viese más grande. Dos veces más se menciona el maquillarse los ojos en Jeremías 4.30 y Ezequiel 23.40 y en ambos casos está relacionado con el pueblo en pecado y rebeldía. Puesto que hoy en día es normal vestir a la moda y adornarse los ojos, las jóvenes lo hacen para no parecer «bichos raros» o «anticuadas». Conviene, por tanto, que se les enseñe el origen de tales prácticas para que tengan más elementos de juicio. *(1 Timoteo 2.9–10; 1 Pedro 3.3–4)*

5. **Se vuelve rebelde, atrevida y descarada.** *(Proverbios 7.11–13; 30.20)* El adoctrinamiento constante del humanismo en las escuelas, la televisión y todo medio de influencia en los jóvenes; les está incitando a reclamar sus «derechos» y a no dejarse «aplastar» por padres o cualquier otra forma de autoridad. En algunos estados de los Estados Unidos, los hijos pueden enjuiciar a sus padres. Cuando los padres fallan en disciplinar los primeros rasgos de rebeldía, la adolescente toma valor y empieza a retar cada vez más la autoridad de sus padres, maestros y cualquier autoridad en general. La presión de sus compañeros y el mal ejemplo de los amigos mayores que ahora tiene, la ponen en la necesidad de ser atrevida y descarada para ganar y mantener la aprobación de sus amigos

(parte de esa aprobación requerirá renunciar a valores morales que aprendió en casa y a acallar su conciencia).

Formas de tratar con una Joven Sensual

Como en el caso de las chicas necias y contenciosas, los padres interesados que quieren ver a sus hijas llegar a alcanzar un estado puro de madurez, deben escoger y tomar un curso de acción. ¿Qué se puede hacer con una muchacha que tiene una inclinación sensual?

1. **Ayúdela a descubrir su valor.** *(Proverbios 31.10)* Todo desvío del propósito original de Dios para la mujer, está centrado en ignorar este principio del diseño de Dios. Entender que no existe un modelo universal de belleza externa destruirá el engaño de Miss Universo y con ello, los falsos conceptos de «feminidad» que no son más que explotación sexual. Aclare que su valor está precisamente en su individualidad, en ser diferente del resto, en ser original. Al igualarse, se rebaja a ser una más del montón de copias sin valor.

2. **Anímela a desarrollar un carácter fuerte.** *(Proverbios 31.29)* Explíquele la diferencia entre: carácter, mal carácter y sin carácter.

   a) Sin Carácter: Es una persona hipócrita, floja o conformista, pues tiene que amoldarse o conformarse al grupo o a la persona con quien está. Es de doble ánimo e inconstante. Su falta de carácter muestra su carencia de identidad y, por lo tanto, es una «imitadora», pues siempre representa un papel de alguien que no es.

   b) Mal Carácter: Sencillamente significa que es una persona necia que, en lugar de aceptar el trato de Dios en su vida, se justifica culpando a otros. Aunque le gusta gritar, intimidar o es dada a la ira, no es más que otra forma de escudar su inseguridad.

   c) Carácter: De las dos definiciones anteriores, deducimos que carácter es la expresión de una vida con propósito, basada en convicciones bíblicas, lo cual produce seguridad y, a la vez, es la consecuencia de una identidad clara. Motívela a estudiar las historias de grandes mujeres de carácter que lo mostraron en mansedumbre, tales como Ester, Rut, Ana (la profetiza), etc.

3. **Enséñele que ella puede llegar a ser una cobertura de pureza para su esposo.** *(Proverbios 12.4)* La palabra «corona», como es usada aquí, significa «emblema de honor». Es el mismo significado de Proverbios 31.23 donde dice que *«su marido es conocido en las puertas, cuando se sienta con los ancianos de la tierra.»* La implicación es que el testimonio de la esposa contribuye en gran medida en el respeto y honor del marido. La ley de sembrar y cosechar también dará su fruto en esta relación, si ella ha sembrado seducción y manipulación en su juventud, eso será lo que coseche en su edad adulta. Si ha sembrado pureza y respeto, cosechará lo mismo en su matrimonio.

La Mujer Indiscreta vs. La Mujer Temerosa de Dios

En el proverbio comparativo, *(Proverbios 11.22)* Salomón pinta una combinación triste y desafortunada, joyas hermosas y valiosas colocadas de forma inapropiada en algo tan repulsivo como el hocico de un cerdo. Esto es un ejemplo de indiscreción.

Alguien que es discreto tiene la habilidad de percibir, examinar y juzgar algo; se puede decir de esa clase de persona que tiene sentido común. En contraste a la mujer indiscreta, la mujer temerosa de Dios es profundamente alerta a Él y le tiene gran reverencia. *(Proverbios 31.30)*

Indicios o rasgos de una mujer indiscreta:

1. **Es superficial, carente de profundidad y sin carácter.** La palabra «razón», en el original hebreo, significa «justo, percepción, comportamiento, discreción, entendimiento» (lo que implica: inteligencia). Una vista rápida a Proverbios nos pinta un cuadro de ella; *(Proverbios 8.5)* la indiscreción

es el vehículo para expresar la necedad. *(Eclesiastés 10.3)* Esto por sí mismo dice mucho, pues necio es el que dice en su corazón «no hay Dios» y puesto que «el principio de la sabiduría es el temor de Jehová… y el conocimiento del Santísimo la inteligencia», *(Proverbios 9.10)* es fácil ver por qué carece de cordura. *(Proverbios 10.3)* Sus palabras demandan corrección, su indiscreción al hablar revela, no tanto su falta de respeto, como la ignorancia y falta de conocimiento de cómo debe comportarse. Esta ignorancia no es necesariamente por falta de enseñanza, sino por su falta de atención y superficialidad.

2. **Es lerda, insípida, poco alerta.**

   Lerda: «tarda y torpe para comprender o ejecutar una cosa»

   Insípida: «falta de sabor, falta de viveza, expresión o gracia»

   Alerta: «con vigilancia y atención, cuidadosa» Lo opuesto entonces es: «no vigilante, descuidada».

Formas de tratar con una Joven Indiscreta

Para poder desarrollar profundidad y juicio en una hija, los padres deben considerar las siguientes sugerencias:

1. **Enséñele cómo percibir lo que no es obvio.** La Biblia describe las actitudes y expresiones de las distintas clases de personas. Por consiguiente, al tener conocimiento de la Biblia en cuanto a principios de moral, ella tendrá una moral segura por la cual medir y pesar las intenciones de los demás. Aprender ciertos conceptos o leyes bíblicas, le ayudará a considerar la raíz o causa de la situación, en lugar de evaluar los frutos o efectos.

2. **Enséñele cómo interpretar lo que no se dice, a leer entre líneas.** Básicamente, es la misma situación anterior, conocer los principios bíblicos le capacitará a oír la causa, no sólo el efecto. Los padres deben ser ejemplo en esto, desarrollando

oídos que oigan. *(Mateo 11.15; Eclesiastés 12.2)*

- Escuchar con el corazón
  ¿Qué quiso decir?
- Escuchar con sentimiento y entendimiento
  ¿Qué motivó lo que dice?
- Escuchar las palabras.

3. **Enséñele a discernir las implicaciones de sus acciones.** El conocido refrán, «El león juzga según su condición», debe ser a la hija una advertencia, de cómo otros pueden mal interpretar sus acciones. Desde el punto de vista bíblico, enséñele el principio de sembrar y cosechar, aclarándole que el fruto inmediato no es el que cuenta, sino el postrero, lo cual significa que descuidar sus acciones como algo ligero y del momento, puede traer la implicación de un fruto dañino aún años después, por ejemplo: el daño de una conciencia no limpia, ofensas, moral, integridad, respeto a sí misma, etc.

4. **Cultive en ella el deseo de temer a Dios.** *(Proverbios 8.13; 9.10)* El temor a Jehová es estar consciente, de forma constante, al hecho de que Dios está observando todo lo que piensa, dice y hace y está recompensándola o castigándola de acuerdo a ello. Una forma de inculcar el temor de Jehová es ayudándola a memorizar y meditar en textos como Gálatas 16.13; Salmos 139.2, 4; Proverbios 15.3; 5.21; Jeremías 16.17; 2 Corintios 5.10.

En conclusión, con la información que hemos adquirido, comuniquemos a nuestras hijas algunos pensamientos en una forma transparente, sin vergüenza ni inhibiciones.

Escribe una carta que tu hija pueda conservar como fuente de sabiduría, aliento y motivación. Exprésale lo mucho que ella significa para ti y por qué. Alábala por los atributos y cualidades que Dios ha puesto en ella para hacerla una mujer de excelencia y adviértele de los caminos de la mujer extraña. Comparte tu deseo y disposición de involucrarte hoy en su vida para compartir tanto los dolores e inquietudes, como sus victorias.

Tercera Parte

Tú y tu Hijo

En el libro de Proverbios, las palabras «hijo» e «hijos» son mencionadas más de cuarenta veces en más de la mitad están escritas: «hijo mío». De hecho, Salomón inicia este libro con el recordatorio de que él es el hijo de David *(Proverbios 1.1)* y más adelante, menciona brevemente la relación que sostuvo con su padre en casa. *(Proverbios 4.3–6)* A menudo, se refiere al hijo necio tanto como al sabio. En este estudio, encontraremos guías a seguir para instruir y criar a nuestros hijos, conforme los preparamos para una vida de adultos y con propósito. Discutiremos también dos medios que nos permitan alcanzar esta meta.

Cinco áreas prácticas a cubrir en la Crianza y Desarrollo de los Hijos

El trabajo de ser padre se hace más fácil al conocer las áreas de desarrollo que son esenciales. Sin importar la edad del muchacho, se debe edificar en su vida. Esta instrucción es particularmente la responsabilidad del Padre. Él debe enseñar a su hijo cómo ser sensible a la dirección de Dios en su propia vida. A los ojos de Dios, testarudez y obstinación no son cualidades masculinas, sino rasgos que manifiestan debilidad y egocentrismo. Les enseñamos a nuestros hijos esa clase de apertura por medio de mostrarles primero cómo responder a nuestros propios consejos, ayudándoles a ver el valor de ser corregidos por otros y compartir con ellos, con el ejemplo de nuestra propia vida, las formas en que Dios ha tenido que enseñarnos a través de los duros golpes de la experiencia. Pregunta dura para hacértela tú mismo: ¿Cuándo fue la última vez que estuvo a solas con tu hijo, platicando acerca de su relación con su Señor?

Permanecer firme, aunque solo. *(Proverbios 1.10–15)*

En estos versículos, Salomón, instruyendo a su propio hijo, lo exhorta y anima *«...no consientas ... no andes en camino con ellos»* (pecadores) *«aparta tu pie de sus veredas.»* Salomón no se limita a advertir a su hijo de la posibilidad de ser tentado, sino que le dice lo inevitable que es. Es nuestra responsabilidad como padres, establecer normas correctas y luego convencer a nuestros hijos de la importancia de esas normas. Algunas de las formas de hacer esto, es enseñándoles qué cualidades buscar en un buen amigo, recordarles las consecuencias de hacer lo malo, guiarlos a las biografías de grandes hombres que pueden inspirarles aspiraciones positivas y enseñarles cómo permanecer firmes, aunque solos, pero sin padecer vergüenza.

1. **Buenos amigos.** Lo primero que debe saber nuestro hijo, es que «amigo» no es todo compañero de clases, vecino, miembro de la misma iglesia, compañero de equipo, etc. Hay que enseñarle que hay diferentes niveles de relación o amistad y que cada nivel tiene sus requisitos y sus condiciones.

NIVEL DE RELACIÓN	CARACTERÍSTICAS QUE LO DISTINGUEN	REQUISITOS QUE LO ACOMPAÑAN
Conocidos	• Se basa en contactos ocasionales • Hay libertad de hacer preguntas de tipo general, de conocimiento público	• Ver a cada conocido como «una cita divina» • Preparar preguntas que permitan testificar
Amistades casuales	• Se basa en intereses, actividades comunes • Hay libertad de hacer preguntas específicas como opiniones, ideas o metas	• Aprender a identificar y alabar cualidades positivas • Preparar preguntas específicas de su edad
Amistades cercanas y compañerismo	• Se basa en metas de vida comunes • Hay libertad de seguir proyectos que les ayuden a alcanzar su meta	• Visualizar logros en la vida de cada uno • Discernir y preparar proyectos adecuados
Amigos íntimos *(Proverbios 17.17; 18.24; 27.17)*	• Se basan en compromiso al desarrollo de carácter de cada uno • Hay libertad de corregirse	• Sea honesto y transparente con discreción • Discierna las causas básicas de las deficiencias básicas de carácter; sugiera soluciones

a) A los hijos hay que enseñarles las consecuencias de las malas amistades. *2 Corintios 6.14–18, Amós 3.3, 2 Juan 10*

- Enseñe a su hijo que el relacionarse con alguien que no le conviene, da lugar a que los que conocen el mal comportamiento de esa persona, lo consideren igual a él.

- Los que son ofendidos o maltratados por su «amigo» pensarán que él piensa lo mismo acerca de ellos. Eso evitará que pueda acercárseles.

- Algunos pensarán que como pasa tanto tiempo con su «compañero», no tiene ni tiempo ni interés en tener amistad con ellos.

- Otros no querrán asociarse con su «compañero», por lo tanto, tampoco con él.

b) Anímelo a tomar ciertas decisiones en cuanto a amistades.

- Repítale constantemente que todos los que rechacen a Jesús, también lo rechazan a él (esto es en cuanto a verdadera amistad y amistad cercana).

- Exhórtelo a explicar verbalmente su relación con Cristo Jesús cuando se le pida, que sea libre de comprometer su posición y valores morales.

- Instrúyale a dejar que sea Dios quien escoja los amigos que ha de tener basado en la necesidad que ellos tienen de que Dios los ayude por medio de él.

2. **Enséñele las consecuencias de lo malo.** Explíquele que el ser humano es trino: espíritu, alma y cuerpo. Por consiguiente, las consecuencias del mal afectan esas tres áreas.

a) El mayor problema al enseñar las consecuencias de hacer

lo malo, es que nos limitamos a mostrar las consecuencias físicas o externas. Esto, en lugar de conseguir la obediencia de los hijos, a veces los motiva a tratar de vencer la consecuencia para probar que son más hábiles. Ej.: «No entres al terreno de Don Juan a robar tejocotes, porque él tiene una escopeta y puede darte un balazo». «No juegues con fulano y mengano porque te pueden golpear», etc.

b) El mal que no se ve inmediatamente, pero que afectará toda su vida es el que empieza a formarse en su alma, entendiéndose que el alma es el centro de la voluntad, los pensamientos, los sentimientos y las emociones. Ej.: *Salmos 106.14, 15 «Se entregaron a un deseo desordenado en el desierto y tentaron a Dios en la soledad y Él les dio lo que pidieron, más envió mortandad sobre ellos.»*

c) En el original hebreo, «envió mortandad sobre ellos» es «envió angosturas a sus almas» lo que implica que, aunque se salieron con la suya en lo físico, la consecuencia en su alma fue que su conciencia se hizo angosta. Por lo tanto, ya no les afectó actuar incorrectamente en un área de su vida, pero lo peor es que ellos no estaban conscientes de que en toda área de su vida ya no les afectaba, por lo cual empezaron a «sembrar» desobediencia, rebeldía, falta de respeto, etc. y como consecuencia, «cosecharon» mortandad.

d) En último lugar, como Dios juzga el corazón, no el hecho, la consecuencia final de lo malo es «separación» entre Dios y el espíritu humano que, de no corregirse por medio del arrepentimiento bíblico, traerá como consecuencia la «separación» o muerte eterna.

3. **Cómo permanecer firme, aunque solo.** *(Romanos 12.1,2)* Esta es una de las porciones más conocidas de la carta a los Romanos. Con ella, se encuentra el concepto más claro de lo que significa permanecer firmes: «presentarse como sacrificio vivo» todo el tiempo y en todo lugar.

a) «Presentarse» es un hecho que sólo ocurre cuando una actitud de sacrificio lo precede, pues involucra todo lo relacionado con nuestros sentidos, impulsos, intereses, deseos y sueños.

b) El mismo acto de presentar la suma de estas cosas a Dios, es la mayor expresión al adorar. No hay nada más grande.

c) Permanecer firme solo, comienza con la forma en que pensamos acerca de Dios, de nosotros y de otros.

d) Permanecer firme solo, requiere disciplina fuerte (la voluntad). Debemos detener todo pensamiento ajeno o enemigo a nuestro propósito. Requiere obediencia completa.

e) Esta posición limita nuestro círculo de amigos (emoción). Debemos cultivar relaciones que guiarán a un crecimiento espiritual constructivo y positivo.

f) Enseñe a su hijo el valor de tener convicciones bíblicas por las cuales juzgarlo todo: amistades, pasatiempos, actividades, etc. Que pueda, como Daniel, proponer en su corazón no contaminarse y ser fiel a Dios, aunque le costara la vida.

g) Aclárele que es a esa clase de jóvenes a los que Dios usa y que al final, aun los que se burlan y critican, terminan reconociendo el verdadero valor, carácter e integridad del que permanece firme.

Estar abiertos a las Reprensiones y Consejos de Dios

¿Cómo responder a nuestros consejos? Primero que nada, debe de haber la claridad de que por el solo hecho de ser sus padres, nosotros somos factores de bendición o maldición en su vida. ¿Cómo? Por la ley espiritual establecida por Dios: *«Honra a tu padre y a tu madre, que es el primer mandamiento con promesa para que te vaya bien y seas de larga vida sobre la tierra.» (Efesios 6.2, 3)*

1. Si nuestros hijos nos honran, Dios, fielmente les bendecirá permitiendo que les «vaya bien». Eso implica su futuro, su hogar, su trabajo, etc.

2. Si no nos honran, la ley espiritual también hará su parte. No les irá bien, sino mal, en su futuro, su hogar, su trabajo, etc.

3. Si nosotros como padres les permitimos deshonrarnos y no les ponemos disciplina y restricciones, no los amamos y estamos cooperando en su ruina. ¿Qué hacer entonces?

4. Enséñale primero que Dios lo ha puesto a ti como representante de Él, para enseñarle a tener fe y obediencia, por lo cual Dios bendecirá su fidelidad a ti. *(Deuteronomio 4.4 y 11.18–21)*

5. Comparte la sabiduría de la Palabra y muéstrale lo que dice, Proverbios 4.10, 13: *«Oye, hijo mío y recibe mis razones y se te multiplicarán años de vida»* o *«Retén el consejo, no lo dejes, guárdalo porque eso es tu vida.»*

   Proverbios 13.1 «El hijo sabio recibe el consejo del padre, más el burlador no escucha las reprensiones.»

   Proverbios 15.5 «El necio menosprecia el consejo de su padre; más el que guarda la corrección vendrá a ser prudente.»

   Proverbios 13.18 «Pobreza y vergüenza tendrá el que menosprecia el consejo, más el que guarda la corrección recibirá honra.»

6. Sobre todo, sé ejemplo e inspírale confianza para que él pueda presentarte sus dudas e inquietudes.

1. El valor de la Corrección

Un factor importante que hay que transmitir a nuestros hijos es el de que Dios es su Padre y es quien está a cargo de su equipamiento por medio de los distintos instrumentos, tanto humanos como circunstanciales. Hebreos 12.5–11 aclara el concepto de la disciplina de Dios y en el versículo 9 dice: «Por otra parte, tuvimos a nuestros padres terrenales que nos disciplinaban y los venerábamos. ¿Por qué no obedeceremos mucho mejor al Padre de los espíritus, y viviremos?» Con esta porción, les podemos aclarar que ellos son espíritu y que sólo Dios puede dar ese espíritu. Por consiguiente, su nacimiento es disposición total de Dios, lo cual implica que Dios escogió a sus padres, a sus familiares, nacionalidad, raza, sexo, etc. para desarrollar en él, el carácter de Cristo.

Preséntale el concepto de que él es un diamante en bruto y que sus padres, maestros, jefes, ancianos, personas mayores, etc. son como el martillo y el cincel que el Padre usa para ir quitando las áreas toscas de su carácter, a fin de presentarlo precioso ante Dios.

Al tener esa clase de perspectiva, él puede entender que toda autoridad es instrumento de Dios y que resistir esa autoridad es resistir al mismo Dios. Romanos 13.1–2: *«Sométase toda persona a las autoridades superiores porque no hay autoridad sino de parte de Dios y las que hay por Dios han sido establecidas. De modo que quien se opone a la autoridad, a lo establecido por Dios se resiste y los que resisten, acarrean condenación para sí mismos.»*

La consecuencia lógica a la que le queremos llevar, es que, si él es creación especial de Dios, si Dios pone las autoridades y controla las circunstancias, la corrección que le viene por medio de otros, es parte de Dios y es parte de su bien, aceptar así la corrección, desarrolla en él atributos y frutos del carácter de Cristo.

2. Nuestro Testimonio

Es sumamente importante entender que el ser honestos con nuestros hijos, no nos resta autoridad. Dios nos ha permitido ir adelante de ellos y aprender algunas cosas duramente no para que las ocultemos, esperando que ellos nunca se enterarán de nuestros errores, sino para que podamos enseñarles, con toda transparencia, aunque con discreción y sabiduría, cómo Dios nos ha corregido y amonestado.

Algo que debemos de repetir en esta porción, es la advertencia que hice al considerar el punto de las consecuencias de lo malo, o sea no presentar las consecuencias físico materiales, como la razón para recibir la reprensión y los consejos de Dios, pues las consecuencias son secundarias, lo que importa al compartir nuestro testimonio es el hecho de que *«no hay nada oculto que no haya de ser manifestado; ni escondido, que no haya de salir a luz.» (Marcos 4.22)*

Lo que debemos compartir es que al ceder nosotros ante alguna tentación o al ser lentos en lidiar con alguna debilidad de carácter, Dios fielmente nos amonestó, reprendió y aconsejó y que no fue sino hasta después de tratar con nosotros en lo privado y nosotros no cambiar, que entonces nos corrigió por medio de otras personas o por medio de las circunstancias a nuestro alrededor.

La meta es que él sepa que Dios le está hablando y que desea tener comunión con él, pero que cuando él no oye, Dios usa circunstancias y personas para llamar su atención, por lo cual no debe resistir las correcciones. Nosotros lo sabemos por experiencia propia.

Tratando con la Tentación

A través del libro de Proverbios, el tema de la tentación se trata agresivamente. Salomón trata con dos áreas: tentación de inmoralidad sexual y la tentación de bebidas alcohólicas o embriagantes. En relación a la primera, él dijo que las mujeres de la calle se verían atractivas para su hijo y que su forma de abordarlo sería *«...más blanda que el aceite» (Proverbios 5.3)* él animó a su hijo a no desear su hermosura ni a permitir que su mente entretuviese pensamientos de involucramiento con ellas. En relación a la segunda tentación, le advirtió del potencial que tiene para destruirlo. Pensando en términos modernos, con el desarrollo de la televisión, anuncios atractivos en las calles y los anuncios y comerciales de los medios de comunicación, si un muchacho simplemente se guía por lo que oye o ve, será guiado completamente por el camino incorrecto para su vida. Él considerará la hombría al hecho de ingerir bebidas alcohólicas y fumar, entre otras cosas. Es casi imposible asistir a un evento social en donde no se sirvan bebidas alcohólicas y que la gente no sea requerida a beber, para ser aceptada. En estas áreas, es la responsabilidad de los padres poner las cosas en la perspectiva correcta, pues de no prestar atención a esas medidas preventivas, en el futuro, quizá tengan que recurrir a terapia correctiva, para ayudar al hijo a quien aman.

Algo muy importante que debe aclararse en la mente del muchacho es la diferencia entre ***pruebas*** y ***tentaciones***. Una forma fácil de exponerlo es la siguiente:

1. Las ***pruebas***, por lo general, son pruebas de nuestra fe y no hay necesariamente maldad asociada con ellas. Por ejemplo: el no ser elegido en un juego de futbol por no ser muy buen jugador y por eso sentirse solo y despreciado. Esto no es tentación, es algo muy común entre jóvenes, es prueba. *Santiago1.12: «Bienaventurado el varón que soporta la tentación, porque cuando haya resistido la prueba, recibirá la corona de vida, que Dios ha prometido a los que le aman.»*

2. Las ***tentaciones*** están asociadas con la invitación a hacer el mal, son un acto de seducción para hacer lo malo, prometiendo a cambio, placer o ganancia. El aspecto sensual es sólo parte de la tentación, pues tiene muchos aspectos. *Santiago1.14: «... sino que cada uno es tentado, cuando de su propia concupiscencia es atraído y seducido.»*

3. Explíquele también que Dios no nos amonesta por ser tentados. No hay nada de malo en ser tentados. En otras palabras, tentación no es pecado. El punto importante es lo que nosotros hacemos como respuesta a la tentación. *Santiago1.15: «Entonces, la concupiscencia después que ha concebido, da a luz el pecado y el pecado, al ser consumado, da a luz la muerte.»*

4. Otra cosa que debe quedar clara es que la tentación nunca viene de Dios. *«Cuando alguien es tentado, no diga que es tentado de parte de Dios porque nuestro Señor no puede ser tentado por el*

mal, ni Él tienta a nadie.» (Santiago1.13) Esta porción aclara estos dos aspectos:

a. la tentación es inevitable, por eso dice: «cuando alguno es tentado» no «si alguno es tentado» y
b. Dios no tienta a nadie.

5. La tentación es un asunto individual; *«sino que cada uno …de su propia concupiscencia…»*. Nada es lo suficientemente fuerte en sí mismo para hacernos pecar. El pecado ocurre cuando nosotros accedemos a la tentación y nos involucramos con ella.

6. La tentación que sigue al pecado, siempre sigue el mismo patrón:

   a. Se coloca la carnada externa. Sexo, bebida, cigarro, etc.

   b. El deseo interno es atraído a la carnada, a considerar la posibilidad del placer o la ganancia.

   c. El pecado ocurre al ceder, una vez que se acaricia la idea y se acepta en la mente, las defensas se rinden.

   d. El pecado resulta en consecuencias trágicas. La Biblia lo lleva hasta la muerte. Sin embargo, hay etapas de sufrimiento y pérdida que ocurren anteriormente.

   e. Entre la tercera y cuarta etapas hay un período «temporal» de placer. La mentira del diablo es que se conseguirá placer o ganancia si se incurre en pecado y sí hay un poco de placer, pero el diablo no aclara que es temporal, escurridizo y que deja graves consecuencias.

7. Sugiérale cómo vencer la tentación. Desde luego, la tentación se contraataca con dominio propio, fruto del Espíritu Santo. *(Eclesiastés5.22–23)* Literalmente significa «fuerza» o sea fuerza interior que viene del Espíritu, pero nosotros debemos prepararle el camino.

a. Contraataque la tentación: no la tolere. *Romanos 6.13: «Ni tampoco presentéis vuestros miembros al pecado como instrumentos de iniquidad, sino presentaos vosotros mismos a Dios como vivos de entre los muertos y vuestros miembros a Dios como instrumentos de justicia.»*

b. Utilice la resistencia correcta: Por ejemplo, si la tentación es de la vista, *Proverbios 4.25 «Tus ojos miren lo recto y diríjanse tus párpados hacia lo que tienes adelante». Job 31.1 «Hice pacto con mis ojos ¿Cómo pues había yo de mirar a una virgen?»*

c. Recuérdate ti mismo que el dolor final pronto borrará el placer temporal; *Hebreos 11.25: «...escogiendo antes ser maltratado con el pueblo de Dios, que gozar de los deleites temporales del pecado.»*

d. Controle sus pensamientos por medio de memorizar la Palabra de Dios. *Salmos 119.9: «¿Con qué limpiará el joven su camino? con guardar Tu Palabra…» «Me rodearon y me asediaron; más en el nombre de Jehová yo los destruiré.»* Eso fue lo que Jesús hizo cuando fue tentado. *(Mateo 4.1–11)*

e. Batalle diariamente. No se confíe. Manténgase siempre alerta.

Administrar las Finanzas

Si vamos a tratar propiamente con el área de finanzas, entonces tenemos que concentrarnos en cuatro áreas: dar, ganar, gastar y ahorrar. Sin embargo, debemos recordar que nosotros somos ejemplos vivientes de lo que enseñamos. Padre, ¿el mensaje que quieres impartir, lo apoyas con tu testimonio?

1. **Dando:** Comenzamos con dar aún antes de ganar, porque el muchacho recibe de nosotros para comprar dulces o algo como un regalo. Por lo tanto, es necesario enseñarle la bendición de dar el diezmo desde su temprana edad y que experimente por sí mismo que, si es fiel en lo poco, en lo mucho también lo será. El dueño de la compañía Colgate daba el diezmo en grandes cantidades de dinero. Cuando se le preguntó si no le costaba dar

esos miles de dólares como diezmo, él contestó que no, porque desde niño aprendió a hacerlo y conforme fue aumentando su ingreso, automáticamente fue aumentando su diezmo y no lo sintió. Es bueno que desde joven aprenda que la fuente de la riqueza y la prosperidad es Dios y que, por consiguiente, hay que honrarle con las primicias de nuestros bienes.

2. **Ganando:** Hay ciertas actividades que el muchacho puede desarrollar para ganar dinero: actividades en la casa por las cuales se le pagaría a otros para que lo hicieran. Ej.: cortar el pasto, lavar el carro, etc. Una palabra de precaución. No creo correcto pagar por hacer cosas que son su responsabilidad, tales como: arreglar su cuarto, lustrar los zapatos, sacar la ropa sucia, etc. Si no se inculca responsabilidad en el muchacho, él desarrollará un espíritu con falta de gratitud ante los privilegios que se le den.

3. **Gastando:** Desde un principio, debe saber buscar las mejores compras y ejercer dominio propio, no sólo comprar porque tiene dinero para hacerlo. Esta es una buena oportunidad para ejercitarlo en el principio de que *«en la multitud de consejeros hay sabiduría»*, sugiriéndole que hasta donde sea posible y aplicable, no compre apresuradamente, sino que busque consejo.

4. **Ahorrando:** El ahorrar con propósitos específicos desarrollará en él más que el buen hábito de ahorrar, le dará la visión de que, con paciencia, disciplina y perseverancia, algo que en primera vista es imposible, se logre alcanzar. Aquí también se le puede enseñar cómo Dios, con paciencia, va invirtiendo en su vida desde niño porque sabe que cuando sea grande, será un siervo poderoso y fructífero. Es el concepto de que se puede comer un elefante si lo hace por bocados pequeños.

Trabajar duro

A menudo el padre que tuvo una infancia de pobreza, desea dar a sus hijos, a sus muchachos … una mejor vida que la que él tuvo. Así que muchas veces le da dinero y constantemente le está llenando de cosas, con la esperanza de mostrarle amor de esa forma. Esta clase de padre se olvida (o ignora) que su propio carácter probablemente es fuerte porque se formó a través de privaciones. Esto no significa que el carácter sólo se edifica en la pobreza, sino que la indulgencia produce hijos perezosos e irresponsables (por consecuencia). El padre que enseña a su hijo a ganar su propio camino, hace el mayor de los favores, tanto a su hijo, como a él mismo.

Conviene aclarar aquí que no se enseña al hijo a trabajar duro hasta que cumple 18 años. El entrenamiento comienza desde niño. ¿Cómo?

1. Enseñándole a que dedique todo su empeño en hacer lo que tiene por delante, por ejemplo: mientras está en la escuela, su trabajo es estudiar, pero habrá la tendencia a querer ver televisión, salir a jugar con los amigos, etc. Si se le exhorta y anima a considerar ese tiempo como parte de su trabajo y a pagar el precio del esfuerzo propio y la abstinencia durante los días de la semana, se le estará inculcando responsabilidad y carácter.

2. La cooperación en quehaceres de la casa, tales como la limpieza de su cuarto, el orden de sus pertenencias, el poner la ropa sucia en su lugar, etc., también es entrenamiento para el trabajo.

3. Y cuando tú hagas reparaciones en la casa, como pintar, arreglar un grifo que gotea, etc., involúcrelo como tu ayudante.

Cuarta Parte

Dos Ingredientes Esenciales que deben incluirse en la Crianza y Desarrollo de los Hijos

1. Disciplina constante: Nuestros hijos deben estar conscientes del valor de la vara de corrección y nosotros, principalmente, debemos tener clara su importancia como verdadera muestra de amor. Lo que dije al tratar el tema «Tú y tu hija» en cuanto a las formas de tratar con la muchacha contenciosa, es aplicable aquí, así que repetiremos:

Un paso imprescindible es el de establecer normas, leyes o requisitos claros, con sus respectivos beneficios y consecuencias. De esta manera, tanto los padres como los hijos, no se dejarán llevar por sus emociones ni las frustraciones en la aplicación del castigo. Por ejemplo: si la norma es ordenar su cuarto antes de salir a jugar, el beneficio es tiempo libre para jugar y la consecuencia de no hacerlo es quedarse en casa. No importará si ese día él se portó excelente o tuvo mal comportamiento, el hecho de tener el castigo estipulado, impedirá que se mezclen las emociones, tanto positivas como negativas al ejecutarlo.

El segundo paso es el de ser constantes en la aplicación de las leyes. Se hizo una encuesta para ver qué era lo que más afectaba a los niños entre estas tres cosas: 1) Demasiada disciplina, 2) Poca o ninguna disciplina y 3) Disciplina inconsistente. El resultado fue que los niños más traumados y por lo consiguiente jóvenes rebeldes y adultos frustrados, son aquellos que están bajo disciplina inconsistente. En segundo lugar, quedaron las dos de poca o nada y en tercer lugar quedaron los de demasiada disciplina. El desarrollar las normas, leyes o requisitos, es un elemento formidable para evitar caer en la inconsistencia.

Comience temprano y trabaje duro. La disciplina y entrenamiento de los hijos comienza desde que son bebés. Pensar que los niños aprenden hasta que entienden, es la mayor razón por la cual los padres fracasan en la disciplina de sus hijos. El niño es espíritu, alma y cuerpo. Su espíritu está listo para ser alimentado desde que es bebé, ejemplos claros en la Biblia son los de Juan el Bautista *(Lucas 1.44)* y Samuel. *(1 Samuel 3.7–8)*

Así como Dios dio primero la ley y luego explicó la gracia, en la disciplina de los hijos debe aplicarse primero la ley externa (aunque no sea explicada por falta de habilidad en el niño para entenderla) y cuando ya han sido ejercitados en la ley y llegan a la edad de ser responsables de su propia vida, entonces se les empieza a explicar más y castigar menos, siendo la meta que ellos lleguen a ejercer auto gobierno sin necesitar más del control o ley externa de los padres.

La vara de la corrección es necesaria; mientras más temprano se use, aunada con el amor y la instrucción, es mejor su resultado.

¿Qué sucede cuando el hijo o hija ya es adolescente?

Dios es misericordioso; aunque es cierto que hay que cosechar lo que se ha sembrado, también es cierto que Dios honra nuestro arrepentimiento. Oseas 4.6 presenta una causa de los problemas con los hijos, pero a la vez nos permite ver cómo corregirlos: *«Porque olvidaste la ley de tu Dios, también Yo me olvidaré de tus hijos.»*

1. Comience por reconocer ante Dios su pecado, el cual ha consistido en no hacer lo que sabía que tenía que hacer, pues eso es «desechar el conocimiento…»

2. Empiece a obedecer la Palabra de Dios, póngase a cuenta con Dios y los hombres, especialmente con su cónyuge.

3. Pida perdón a su hijo por falta de amor, manifestada en la falta de corrección.

4. Explíquele su deseo de cambiar y pídale su entendimiento y cooperación. Trabaje junto con su esposa en las normas de la casa y luego discútalas con su hijo. Escuche sus opiniones y no tome decisiones en ese momento. Tome tiempo para orar y buscar consejo.

5. Una vez decidido el curso a tomar, sea amoroso pero firme, mantenga consistencia en lo que decidió.

6. Una última exhortación. No se deje manipular por medio de tratar de que se sienta culpable por no haber hecho antes lo que está haciendo ahora ¡Dios ya lo perdonó! y Dios quiere que comience y continúe la disciplina de su hogar. Sí, tenga paciencia, pero no flaquee. Un área muy importante en esta edad, serán las amistades y los permisos que se otorguen.

2. Deleite constante: Nuestros hijos deben saber del amor que les tenemos, especialmente los hombres. El concepto humanista de que los hombres son rudos, machos y no lloran, deben ser rotos desde la temprana edad de su hijo. La mejor forma será que tú ejemplifiques para él: ternura, portarse varonilmente, no como macho, ser cortés con su esposa y con ellos (sus hijos) y … ¿llorar? Sí, llorar con toda libertad cuando algo le emocione y le conmueva.

La Biblia describe a los hijos como *«herencia de Jehová, cosa de estima o como saetas en mano del valiente»* y llama al padre de ellos «bienaventurado». *(Salmos 127.3–5)* Si los padres lo creemos así, entonces nuestra forma al dirigirnos a ellos lo expresará.

Una forma de mantener el deleite constante, es aprender a balancear la disciplina con el amor; al saber que la disciplina es parte integral de ese amor y no dejar que la disciplina tome un aspecto de separación.

Conclusión

Con estas notas como guía, evalúese en cada una de las áreas que mencionamos ¿Cómo ha estado transmitiendo estos consejos a su hijo? Si no lo ha hecho, diseñe un plan para hacerlo. Programe el estar a solas con él donde puedan compartir con tranquilidad. Si no sabe cómo hacerlo, comience por escribir una carta explicando su interés y amor a su hijo, luego busque consejo de otros padres y, sobre todo, ore pidiéndole a Dios sabiduría y gracia para cumplir con tan preciado privilegio.

LA COMUNICACIÓN EN LA FAMILIA

Primera Parte

Comunicación vs. Información

Los medios de comunicación social (periódicos, radio, televisión, etc.) nos informan, casi en el momento que acontece, de los sucesos que ocurren en todas las naciones del mundo. La tecnología y la electrónica, por medio de satélites, hacen posible la comunicación inmediata de uno a otro punto del planeta. Se han desarrollado tanto los sistemas de comunicación que, en lugar de causar beneficios, han venido a destruir la intimidad de la familia, pues en lugar de dedicar el tiempo para aprender a enfrentar nuestros problemas, los medios de comunicación social han limitado la comunicación familiar, dando origen a un sin fin de problemas que se traducen en infelicidad.

Una de las razones primordiales de esa infelicidad, es el hecho de que se ha aceptado como comunicación, la información y las noticias. Este mundo sofisticado ha logrado conformarnos a su molde, de modo que decimos tener comunicación cuando en realidad sólo transmitimos información.

En una forma sencilla, la diferencia es ésta: Comunicar, del latín *communicare*, implica: comulgar, hacer a otro partícipe de lo que uno tiene, mientras que informar, del latín *informare*, sólo significa: enterar, dar noticia de alguna cosa.

La Biblia, que debe ser nuestra referencia final, nos lo aclara de esta manera: *Comunicar* en hebreo (Antiguo Testamento) significa: sesión, compañía de personas (en deliberación cerrada) intimidad, consulta, un secreto interno, consejo. Ej. *Salmos 55.14: «Que juntos comunicábamos dulcemente los secretos y andábamos en amistad en la casa de Dios.»*

Saber que la misma palabra se traduce «comunión» en Salmos 25.14 y Proverbios 3.22 nos da más claridad al respecto. *Salmos 25.14: «La comunión (comunicación) íntima de Jehová es con los que le temen y a ellos hará conocer su pacto.»* Este texto nos da la clave de la comunicación. Temer es igual a respetar, confiar, valorar, etc. Si damos ese aprecio a otra persona, ella sentirá libertad en comunicarnos lo íntimo de su ser, pues sabrá que le amamos, respetamos y valoramos. *Proverbios 3.22: «Porque Jehová abomina a los perversos, mas su comunión (comunicación) íntima es con el justo.»*

Comunicar, en griego (Nuevo Testamento): entregar, compartir. El término es formado de dos palabras que significan: «dar» y «acompañamiento», o sea «dar compañía». Ej.: *Romanos 1.11: «Porque deseo veros, para comunicaros algún don espiritual a fin de que seáis confirmados.»*

El otro significado de la palabra es: añadir, sumar, impartir. Ej.: *Gálatas 2.6: «...a mí pues los de reputación nada nuevo me comunicaron.»* Con esta base, podemos ver que la comunicación en la familia no puede limitarse a un simple cambio de información, pues eso sólo involucra intelecto: la mente. Sin embargo, la comunicación literalmente requiere todo el ser: espíritu, alma y cuerpo. Espíritu en que es lo más íntimo; alma en que comparte el sentir, pensar y la voluntad de la persona; cuerpo en que acompaña, toca e imparte el calor de la comunión.

Actualmente, la comunicación familiar se deteriora debido a la negatividad producida por la inflación y la cada vez más raquítica economía mundial, que obliga a jornadas de trabajo más prolongadas y a la participación del cónyuge para estabilizar el gasto familiar. Este fenómeno obliga a la contratación de niñeras y servicios que lo dejan hablando solo y el enviar a los hijos a colegios privados donde recibirán la educación básica y producirán el fruto de la no identidad.

¿Qué es Comunicación Familiar?

En primer lugar, debemos saber que la comunicación familiar no es información de entrega de cuentas, ni un reporte de actividades durante la ausencia del cónyuge. La comunicación familiar es una conversación íntima que no justifica, sino que identifica y expone ideas e ideales que el ser (cuerpo, alma y espíritu) desea expresar para incrementar ese «ser uno en Jesucristo».

La Palabra de Dios es el mejor modelo de comunicación que tenemos. Debemos tomarlo y actuar conforme a los principios allá establecidos. Santiago 1.19–20 dice: *«Por esto, mis amados hermanos, todo hombre sea pronto para oír, tardo para hablar, tardo para airarse porque la ira del hombre no obra la justicia de Dios.»*

1. **Pronto para oír:** Jehová, nuestro Padre Celestial, nos escucha porque nos ama, *(Juan 3.16)* y el escucharnos es responder a nuestra necesidad. *(Salmos 116.1–4)* Entendamos que no es suficiente «oír», sino que es necesario «escuchar» para discernir qué se dice, qué se quiso decir o qué se omitió decir. Discernir es señalar la diferencia entre la exposición y la representación de la expresión. Por eso es conveniente que con humildad busquemos claridad para el entendimiento, pidiendo todas las explicaciones de una manera que no confronte. Además, discernir implica ver con los ojos la expresión física y con el alma la expresión sentimental. Proverbios 13.15 dice: *«El buen entendimiento da gracia, más el camino de los transgresores es duro.»* El oír, bíblicamente hablando, implica amor, respeto y humildad; porque la tendencia humana es asumir que se sabe lo que están tratando de decir, mientras que, al escuchar atentamente a la otra persona, se le comunica el mensaje de: «Lo que tú dices es

importante y yo necesito oírlo para conocerte mejor, pues te amo y valoro tus ideas, sentimientos y opiniones.» Uno de los más claros ejemplos es el de Jesús cuando llegó a él un ciego pidiendo ayuda y Jesús, por amor, tuvo comunicación con él y le preguntó ¿qué quieres que yo haga? A nosotros nos parecería ridículo o innecesario preguntarle a un ciego cuál es su problema, pero Jesús escuchó, respetando al ciego como persona y le dio valor y honra. En otra ocasión, llegó a un hombre postrado, enfermo por muchos años y Jesús también le preguntó ¿quieres estar sano? y debido a esta pregunta que parecía innecesaria, el hombre abrió su corazón y mostró cuál era su verdadero problema. Sentía que no valía nada, que no le importaba a nadie, que no era un hombre. Más Jesús, al escucharlo le comunicó respeto, amor y ánimo. *(Juan 5.1–9)*

2. **Tardo para hablar:** En Mateo 5.27 está escrito: «Pero sea vuestro hablar: sí, sí; no, no; porque lo que es más de esto, de mal procede». Este principio exalta la veracidad y claridad en las palabras y reta a quien sin pensar se va a extremos indebidos. Dejemos que la Biblia continúe enseñándonos.

   Proverbios 18.13: «Al que responde palabra antes de oír, le es fatuidad y oprobio.»

   Proverbios 10.19: «En las muchas palabras no falta pecado; más el que refrena sus labios es prudente.»

   Aunque la comunicación es más que sólo información, debido al poder que Dios ha dado a la Palabra *(la vida y la muerte Proverbios 18.21)* es de suma importancia aprender a pensar antes de hablar, pues la información que se transmite producirá efectos duraderos, sean positivos o negativos y como lo que se siembra eso también se cosecha, el efecto de nuestras palabras terminará manifestándose en nosotros.

   Al seguir en el contexto de que comunicar es hacer a otro partícipe de lo que uno tiene, vemos que las palabras deben ser precedidas por cuadros de fe que armonicen con lo que la Biblia dice de nuestro cónyuge y de nuestros hijos o padres.

3. **Tardo para airarse:** por falta de dominio propio nos airamos con facilidad, pero Dios nos cubre y nos dice en Proverbios 16.32: *«Mejor es el que tarda en airarse que el fuerte y el que se enseñorea de su espíritu, que el que toma una ciudad.»* Con expresiones semejantes se nos enseña la necesidad de ejercitarnos en controlar nuestro temperamento. Así tenemos:

1 Corintios 10.5: «Derribando argumentos y toda altivez que se levanta en contra del conocimiento de Dios y llevando cautivo todo pensamiento a la obediencia de Cristo.»

Proverbios 14.29: «El que tarda en airarse es grande en entendimiento; mas el que es impaciente de espíritu, enaltece la necedad.»

Proverbios 19.19: «El de grande ira llevará la pena y si usa la violencia, añadirá nuevos males.»

Proverbios 29.11: «El necio da rienda suelta a toda su ira, más el sabio al fin la sosiega.»

Eclesiastés 7.9: «No te apresures en tu espíritu a enojarte porque el enojo reposa en el seno de los necios.»

El matrimonio, como expresión de unidad, es el proceso de un permanente morir de sí mismo para acoplarse a la función de cónyuge, complemento y ajuste. En la epístola de Santiago, capitulo 2, se nos da una maravillosa enseñanza sobre la mansedumbre y paz que debe expresar nuestro ser. *Santiago 3.20: «Porque todos ofendemos muchas veces. Si alguno no ofende en palabra, éste es varón perfecto, capaz también de refrenar todo el cuerpo.»* Efectivamente, cuando no controlamos nuestra emotividad por el Espíritu de Dios, nos vuelve irrespetuosos, faltos de tacto y poco amables. Asimismo, cuando damos lugar a nuestro orgullo, entonces se hace real. *Proverbios 18.10: «El hermano ofendido es más tenaz que una ciudad fuerte y las contiendas de los hermanos son como cerrojos de alcázar.»*

En consecuencia, no debemos permitir ese constante apilar de granos de arena que nos irritan mutuamente, porque esa discordia constante se transformará en una pared de aislamiento que rompe la comunicación y el matrimonio y, en última instancia, produce las víctimas: los hijos y tú.

Debemos, como seres inteligentes, depender de la voluntad de Dios. Cuando el cónyuge se inquieta o se enoja, debe tratar de aplicar Proverbios 15.1: *«La blanda respuesta quita la ira…»* Este entrenamiento estimula paz y con ello viene el cariño, el respeto y el amor. Está escrito: *«Airaos, pero no pequéis; no se ponga el sol sobre vuestro enojo.»* Esta lectura bíblica nos enseña que la comunicación familiar depende de la actitud y el estado espiritual del cónyuge. Debemos humillarnos (sólo el más fuerte se humilla) no limitar la comunicación de nuestro sentir e interpretar con honestidad y amor.

Debemos recordar que todos estamos tentados a ser «histéricos» e «históricos». Tengamos presente que la base del perdón es el olvido de la ofensa y, en consecuencia, cuando converse y desee comunicar su sentir y pensar, no adorne sus cuadros con «marcos» de nombre (fama), de sangre (linaje) y de poder (dinero, autoritarismo, etc.) pues al agregar al drama la parentela propia o la del cónyuge, implica infantilismo y falta de cordura. Evite tales espectáculos y particularmente, por respeto propio, respete y no denigre a quien el Señor le ha dado como complemento para toda la vida (aunque no lo crea) y a sus hijos, por los cuales tendrá que responder ante Dios.

Circunstancias que entorpecen la Comunicación

Uno de los grandes problemas que nos resta identidad y, en consecuencia, interrumpe y menosprecia la comunicación familiar, es la falta de orden, disciplina o control en el uso de la televisión. Queremos animarle a que entienda que al conectar o encender el televisor, está desconectando o apagando al grupo familiar. No decimos que la televisión sea mala, sabemos que es el más asombroso invento como medio de información. Ahora queda en ti dar el uso apropiado a ese aparato, porque fácilmente podemos caer en la trampa satánica de aficionarnos como los alcohólicos y volvernos unos adictos y posteriormente, unos robots, porque el bombardeo propagandístico nos lleva a la conclusión de que todo tiene solución, según las fórmulas que se anuncian.

Es cierto que la televisión, así como nos presenta sucesos tan importantes como el caminar del primer hombre sobre la luna, también nos da instrucción suplementaria y enseñanza complementaria, pero la negatividad es el incremento de programas que sólo producen violencia, toleran la fornicación, el adulterio, la homosexualidad y la pornografía.

Los niños tienen otro temperamento, los adolescentes otro escape y los matrimonios otras soluciones: la nueva moralidad. ¡Atención! Controla tu televisor, esto lo harás si tú te puedes controlar. Lee 2 Timoteo 1.7; controla a tus hijos, que no se hagan dependientes de un aparato, porque pierden identidad y luego se convierte en un vicio.

Si lo desea, vea programas seleccionando horarios. Tú eres el responsable. La televisión no es responsable, es un negocio y cada día busca más adictos, incluyendo los más sofisticados: los de cable o parabólica.

El Salmos 39.1 dice: *«Yo dije: atenderé mis caminos, para no pecar con mi lengua. Guardaré mi boca con freno, en tanto que el impío está delante de mí.»*

Puesto que ya mencionamos la importancia del oír bíblico, cabe repetir aquí que la ausencia de esa práctica es uno de los mayores tropiezos en la comunicación y quizá a los que más se daña con esta falta de atención es a los hijos. Es tan fácil asumir que ya se sabe lo que van a decir, que se les interrumpe antes de que terminen o sólo se les contesta con un monosílabo, comunicando con eso: «Ya te oí, lo que dices no es tan importante, vete a jugar y déjame con mis propios intereses».

Otro elemento que limita la comunicación es no participar de una comunicación total ¿Qué significa eso? Ya vimos que comunicar implica una participación de todo el ser, pero específicamente mencionaremos cinco aspectos:

1. Los sentidos
2. Los pensamientos
3. Las intenciones
4. Los sentimientos
5. Las acciones

De estos cinco, el hombre especialmente ignora cómo comunicar sus sentimientos, mientras que la mujer es más expresiva; produciéndose así una brecha en la comprensión de lo que se comunica. En este concepto de los sentimientos, el mundo ha logrado vendernos la idea de que no es de hombres ser emotivos, no llorar, etc.

Para ayudar al hombre en esta área, es buena idea pedir que explique lo que siente, por medio de cuadros o comparaciones. Por ejemplo, alguien que estaba sin trabajo y al fin lo consiguió, dijo: «Me siento aliviado a la vez que aprensivo» al pedirle que lo explicara y después de pensar dijo: «Me siento aliviado a la vez que aprensivo, como un niño que se ha orinado en la cama.»

Es necesario entender que ciertas actitudes y hechos también estorban la comunicación, por ejemplo:

1. **Hablar acaloradamente, gritar, estallar:** Esto, en lugar de invitar a la comunicación, promueve la guerra.

2. **Llorar:** Cuando las lágrimas empiezan, termina la comunicación.

3. **Guardar silencio:** El silencio debe guardarse para escuchar, pero una vez que se ha dicho algo, se espera respuesta que añada y mejore la comunicación. El silencio, en este caso, es un robo a la comunicación.

4. **Responder irónica o sarcásticamente:** Eso comunica falta de respeto, amor e interés. Literalmente dice: «No quiero

nada contigo».

Cómo mejorar la Comunicación Familiar

Si hacemos y vivimos Romanos 12.3, 16 que dice: *«Digo, pues, por la gracia que me es dada, a cada cual que está entre vosotros, que no tenga más alto concepto de sí que el que debe tener, sino que piense de sí con cordura, conforme a la medida de fe que Dios repartió a cada uno.»* Podemos llegar a Jesucristo con humildad y con el Espíritu Santo crecer para entender que la Biblia es la Palabra de vida, que enseña a ser sensible y a mantenerse en comunicación con la familia. En Mateo 12.34–37 dice: *«¡Generación de víboras! ¿Cómo podéis hablar lo bueno, siendo malos? Porque de la abundancia del corazón habla la boca. El hombre bueno, del buen tesoro de su corazón saca buenas cosas y el hombre malo, del mal tesoro saca malas cosas. Mas yo os digo que de toda palabra ociosa que hablen los hombres, de ella darán cuenta en el día del juicio. Porque por tus palabras serás justificado y por tus palabras serás condenado.»*

Esta enseñanza se complementa con los pasajes siguientes:

Proverbios 10.31: «La boca del justo producirá sabiduría; más la lengua perversa será cortada.»

Proverbios 25.15: «Con larga paciencia se aplaca el príncipe y la lengua blanda quebranta los huesos.»

Efesios 4.29: «Ninguna palabra corrompida salga de vuestra boca, sino la que sea buena para la necesaria edificación, a fin de dar gracia a los oyentes.»

Colosenses 4.6: «Sea vuestra palabra siempre con gracia, sazonada con sal, para que sepáis cómo responder a cada uno.»

Una de las formas más efectivas para mejorar la comunicación, es escribirse pequeñas notas. Esto da la oportunidad de leerlas y releerlas antes de entregarlas, lo cual permite que no sean el resultado de un momento de frustración o falta de dominio propio.

Las notas se pueden escribir y no entregarlas en ese instante, mientras que las palabras, una vez dichas, no tienen punto de retorno.

Otra forma es buscar el desarrollo de los intereses mutuos. Un buen sistema es leer los mismos libros subrayando lo que llama la atención de cada uno con un color diferente. Por ejemplo, el esposo en rojo, la esposa en amarillo y en algunos casos dependiendo del tema, los hijos con otros colores. De esta forma, se tiene la idea o sentir del que escribió el libro, el sentir del esposo, de la esposa y de los hijos, lo cual ayuda a entender lo que interesa a cada uno.

Algo que hemos encontrado muy edificante, es el poner normas a nuestras pláticas. Por ejemplo, si alguno levanta la voz y está perdiendo control de sí mismo, el otro—sin importar quién tenga la razón—pedirá ser excusado por un momento, para apartarse y pedir a Dios gracia para mantener la paz. Luego regresará a la otra persona y le dirá: «Perdóname por haber dado motivo a que te enojaras». Desde luego, el sólo hecho de no contestar airadamente y separarse por un minuto, da tiempo al otro a reconocer que está fallando en comunicar su amor y respeto y de esa forma, no se añade leña al fuego.

Siempre habrá algunas áreas en las que no se pueda llegar a un acuerdo. En esos casos, recomendamos no seguir exponiendo cada uno su punto de vista, sino terminar allí la conversación y buscar consejo de una tercera persona o pareja, idealmente la cobertura de la familia.

Sobre todo, debemos recordar que la familia es una y que lo que acontece a un miembro afecta a todos. Es necesario esforzarse por aplicar el principio bíblico llamado la Regla de Oro y tratar a cada uno de los miembros, como desea ser tratado.

Últimas Observaciones

Quejas comunes:

- Mi esposa nunca escucha lo que quiero decir.

- Mi esposo siempre me deja hablando sola.
- Mi esposo nunca habla.
- Carezco de importancia ante papá y mamá.
- No sé cómo reaccionarán si les hago saber mi opinión.
- Algo raro. Puedo hablar con confianza sobre cualquier tema con papá y mamá.

DIOS, TÚ Y EL SEXO

El título de este capítulo es lo suficientemente amenazante para varias personas, pues por muchos años se ha considerado que la relación sexual no es un tema en el cual se deba involucrar a Dios. El diablo ha hecho un gran daño al conseguir que la humanidad identifique la relación sexual como algo morboso, pecaminoso y definitivamente del mundo. El propósito de este escrito es precisamente deshacernos del tabú y la mentira que ha existido en cuanto a la relación sexual. Para ello, aplicaremos el principio de las palabras de Jesús, cuando dijo: *«Y conoceréis la verdad y la verdad os hará libres.» (Juan 8.32)* El conocer la verdad en cuanto al diseño de Dios para el sexo, quitará al diablo su eficacia en la manipulación y explotación de sus mentiras y dará al matrimonio cristiano un nuevo sentir en cuanto a considerar la relación sexual como un tema en el cual no sólo se puede involucrar a Dios, sino que Él tiene mucho que decir al respecto.

Primera Parte

El Origen del Sexo

Un factor indispensable para tratar cualquier tema, es conocer su origen, pues en él se encuentra la razón y el propósito de su existencia. Se puede tener una idea más completa, basándose en la clase de persona que el Creador o el inventor sea.

¿Quién creó el sexo? Como dije antes, conociendo al Creador nos será más fácil entender el sexo. Por lo tanto, respondemos a esa pregunta, ¿Quién creó el sexo?

La respuesta es obvia. Génesis 1.27 dice: *«Y creó Dios al hombre a su imagen, a imagen de Dios lo creó; varón y hembra los creó.»* Dios fue quien desde un principio creó al hombre y a la mujer. A juzgar por el contexto, la única diferencia que Dios hizo entre el hombre y la mujer fue funcional. Por eso, quiero decir que en cuanto a la relación con Dios y lo eterno, no hay ninguna diferencia entre el hombre y la mujer, lo cual es confirmado en el Nuevo Testamento por el apóstol Pablo cuando dice: *«...no hay varón ni mujer porque todos vosotros sois uno en Cristo Jesús.» (Gálatas 3.28c)* Esto lo complementa al decir: *«Pero en el Señor, ni el varón es sin la mujer, ni la mujer sin el varón; porque así como la mujer procede del varón, también el varón nace de la mujer, pero todo procede de Dios.» (1 Corintios 11.11–12)* La relación con Dios y la imagen y semejanza que el hombre y la mujer tienen de Él, son eternas, mientras que esas características sexuales, tienen razón y propósito en un funcionar terrenal y temporal.

Consideremos la pregunta que originalmente planteamos: ¿Quién creó el sexo? Vemos en la Biblia que la respuesta es Dios, de eso no hay duda. Por lo tanto, pasemos a considerar las implicaciones que tiene el que Dios sea el autor del sexo. Entre los muchos atributos de Dios, nos limitaremos a enumerar sólo tres. Meditemos en ellos a la luz del tema que estamos tratando, o sea el sexo.

1. 1 Juan 4.16b: «...Dios es amor.» Notemos que no dice Dios tiene amor o hace amor o actúa con amor, sino que dice: «Dios es Amor». Al examinar las características y los atributos del amor, según lo presenta 1 Corintios 13, vemos que ese amor en nada se asemeja a lo que hoy en día las novelas, las películas y la humanidad llama hacer el amor o amar. El amor *ágape*, o sea el amor de la clase de Dios, no es algo ajeno a todo ser

humano, reservado para ciertos momentos y ciertos lugares, bajo cierta clase de atmósfera. No. El amor es una vivencia, una naturaleza que Dios imparte en el ser humano que le reconoce como su Creador, Señor y Redentor, a tal grado que se puede aún amar al enemigo, algo que es totalmente ajeno al concepto humanista y mundano de amor.

2. En segundo lugar, notemos en 1 Juan 1.5c que *«...Dios es luz y no hay tinieblas en El.»* Nuevamente, llamemos la atención al hecho de que Dios es luz, no que tiene luz o produce luz, sino que ES luz. Es muy claro que el concepto de sacar algo a la luz implica apertura, honestidad, transparencia, en otras palabras, exponer abiertamente algo. Dios es verdad. *(Juan 14.6)* En contraste al concepto predominante de sexo en nuestros días, donde el sexo se presenta como algo de las tinieblas, luces apagadas, etc., aún los mismos lugares que promueven las relaciones sexuales son lugares sombríos y bajo una atmósfera de embriaguez alcohólica o de drogas, lo cual produce un efecto de mentira fuera de la realidad. Todo lo opuesto a Dios.

3. Por último, consideremos el hecho de la santidad de Dios. *Isaías 6.3c: «...Santo, santo, santo Jehová de los Ejércitos. Toda la tierra está llena de su gloria.»* Esta tercera consideración será suficiente para aclarar el punto que estamos presentando; puesto que Dios es Santo, es Luz y es Amor, sería imposible que Él creara algo que fuese en contra de su santidad, amor y luz. Además, la Biblia dice: *«Toda buena dádiva y todo don perfecto desciende de lo alto, del Padre de las luces, en el cual no hay mudanza, ni sombra de variación.» (Santiago 1.17)*

Al resumir estas consideraciones en cuanto al autor del sexo, tenemos que llegar a la conclusión de que el sexo es bueno, santo, una expresión de amor y nada de qué avergonzarse, siempre y cuando se practique en el orden que su creador lo diseñó, en el lecho matrimonial, donde ambos cónyuges son el uno para el otro, sin reservas ni limitaciones.

Regresando al título de este capítulo: Dios, Tú y el Sexo,

vemos pues, que definitivamente tenemos que poner a Dios en la parte principal del tema, pues no sólo Él es su creador, sino su santificador, puesto que viene a liberar al hombre de la maldición del pecado, libra también a la institución del matrimonio del ultraje en que ha caído y restaura la relación sexual en el matrimonio en su función original bendecida, buena, santa y amorosa que al principio Él creó.

Tú

La siguiente consideración que tenemos delante de nosotros es la del ser humano. Vemos que tiene dos niveles de relación: uno con Dios y otro con sus semejantes.

Considerando primero la relación del hombre con Dios, vemos que es en un ámbito espiritual; lo físico no es más que un vehículo por medio del cual se expresa esa relación; pero es claro que no vemos ni tocamos a Dios físicamente. Al considerar la creación del hombre, vimos que Dios lo creó a su imagen y semejanza y puesto que tanto el hombre como la mujer tienen la imagen y semejanza de Dios, es obvio que esta imagen no tiene que ver con lo físico o material, pues Dios es espíritu. La manifestación de amor a Dios es exclusivamente en la expresión del espíritu y el alma, expresándose en actos de corazón y de voluntad, tales como reconocerlo como Dios, creador, redentor y sustentador de todo y, por consiguiente, obedecer sus instrucciones y mandatos con gozo y buena voluntad. Jesús lo explicó de esta manera: *«Amarás al Señor, tu Dios con todo tu corazón y con toda tu alma y con toda tu mente.» (Mateo 22.37)* Además, aclaró: *«Si me amáis, guardad mis mandamientos.» (Juan 14.15)*

Por lo tanto, la razón de llamar a este capítulo Dios, Tú y el Sexo, en este orden, es porque al cumplir este orden y dar a Dios la preeminencia en todo, entendiendo que al estar en buena relación para con Él, lo otro—o sea la relación con el ser humano—será fructífera y edificante. En este caso, estamos diciendo Dios, Tú y el Sexo, pero ese mismo orden usaríamos para los siguientes temas: Dios, Tú y las Finanzas; Dios, Tú y el Trabajo; Dios, Tú y la Iglesia; etc.

Pasemos ahora a considerar la relación del hombre con el ser humano; siendo creado a la imagen de Dios, es natural asumir que expresará los mismos atributos espirituales del alma y la voluntad como en su relación con Dios, sólo que en su relación con el ser humano entra a consideración el factor físico, el cual presenta—entre otras—dos condiciones sumamente importantes para entender, disfrutar y cumplir con la función que Dios nos ha asignado. La primera condición es en el orden de diseño. Dios, en su soberana voluntad, diseñó un cuerpo con características especiales para reproducirse y multiplicarse. Para ello, a unos espíritus, los cuales tienen su imagen y semejanza, les diseñó un cuerpo que le llamó Hombre por sus características funcionales. A otros espíritus humanos, los cuales también tienen su imagen y semejanza, les diseñó otro cuerpo al que llamó Mujer por sus características funcionales. En este diseño, se requiere que al amor que ambos sexos expresan a Dios, se le añada la dimensión de lo físico en su relación el uno con el otro para disfrutar de todo su ser: Espíritu, Alma, y Cuerpo.

El mantener claro el concepto de que amar a Dios implica obedecer su voluntad y cumplir sus mandatos, vemos que el primer mandato que expresa la voluntad de Dios en cuanto al ser humano, incluye muy específicamente la relación sexual en el matrimonio, pues él dice: *«...Fructificad y multiplicaos; llenad la tierra...» (Génesis 1.28)* Y *«Por tanto, dejará el hombre a su padre y a su madre, se unirá a su mujer y serán una sola carne.» (Génesis 2.24)*

La única forma de cumplir este mandato de Dios, es por medio de que el esposo y la esposa tengan relaciones sexuales y procreen hijos. ¿Se da cuenta de lo que eso significa? En primer lugar, significa que Dios diseñó el sexo y por lo tanto, no es una creación o invención del diablo. En segundo lugar, como a Dios se le muestra amor obedeciéndolo, la relación sexual en el matrimonio es una forma de amar a Dios. Sé que esto puede parecerle incorrecto y supongo que acarreará conflicto a sus pensamientos al intentar asociar la relación sexual con amor y reverencia a Dios. No obstante, ¿por qué cuesta creerlo? porque necesitamos renovar nuestro entendimiento y llevar cautivos esos pensamientos que son opuestos a la Palabra de Dios y sujetarlos a la obediencia a Cristo. Recordemos lo que leímos antes: *«Si me amáis, guardad mis mandamientos»* y luego: «Fructificad y multiplicaos.» Ahora, confrontemos nuestros pensamientos con la luz de la Palabra.

Me pregunta Dios si le amo. Yo contesto que sí. El me pide que se lo demuestre y yo pregunto ¿cómo? Él responde: *«Obedece mis mandamientos»*. Yo digo: Amén y empiezo a dejar de hacer las cosas que sé que no le son gratas. Ya no fumo, no robo, etc., y empiezo a hacer lo que sé le es grato. Leo la Biblia, rezo, respeto a mi cónyuge, a mis autoridades en la casa, iglesia, trabajo, nación, etc. Luego, llega el momento de tener relaciones sexuales con mi cónyuge. ¿Qué hago? ¿Puedo orar y pedir a Dios que bendiga esa relación? Aún más, ¿puedo estar hablando de Dios con mi cónyuge mientras nos acariciamos? Si la respuesta es no, ¿por qué no? ¿Puedo hablar con Dios mientras dejo un vicio, rogándole su fortaleza y ayuda? ¿Puedo hablar con Dios al esforzarme en hacer algo que a Él le agrada? Obviamente, la respuesta es sí en ambas preguntas. Pues bien, la relación sexual es algo que Él diseñó y ordenó; buscar su dirección para que ésta se convierta en una prueba de amor al cónyuge es algo a lo que Él escuchará y responderá.

En resumen, con respecto a esta primera condición, vemos que Dios diseñó los sexos para cumplir una función específica; que el hombre no es mejor, ni más que la mujer, ni la mujer es mejor, ni más que el hombre. Definitivamente, son diferentes y nunca pueden ser iguales. Sus cuerpos físicos han sido diseñados con características y limitaciones específicas y al aceptar ese diseño de Dios, al buscar desarrollar la función tal y como Dios lo decidió, se encuentra satisfacción, paz, salud y gozo; mientras que al alterar o cambiar este diseño y por consiguiente la función, no se tiene paz, se carece de salud y gozo.

La segunda consideración tiene que ver con el aspecto espiritual, pero aplicado a lo físico y es en el orden de gobierno o autoridad. Ya dijimos que espiritualmente hablando no hay diferencia entre el hombre y la mujer. Sin embargo, así como en el diseño de Dios cada cuerpo tiene una función específica, también en ese diseño Dios ha dado la función de autoridad al hombre y de ayuda a la mujer. Entender y aceptar ese patrón bíblico tiene mucho que ver aún con la relación sexual, pues el cuerpo físico depende en gran manera del estado del espíritu y del alma para su funcionamiento. Eso quiere decir que, si una mujer resiente la autoridad de su esposo, su espíritu y alma producirán tensión y mal funcionamiento de su cuerpo y al tener relación sexual o física, estará forzando el cuerpo y desgastándolo, lo cual terminará en problemas nerviosos, musculares y definitivamente emocionales.

Por otro lado, si el hombre no valora su función de autoridad y prefiere dejarla en manos de su esposa, su espíritu y alma afectarán su cuerpo que está diseñado para tomar la iniciativa y la dirección, produciendo en él un desgaste y desbalance emocional.

Resumamos esta segunda consideración al decir que el cuerpo humano fue diseñado para funcionar con ciertas condiciones específicas. Al hombre, Dios le dio un cuerpo diseñado para tomar el liderazgo, la iniciativa y la autoridad; mientras que a la mujer le dio un cuerpo para apoyar, responder y ayudar. Ignorar estas funciones y diseño, altera el gozo y el cumplimiento del amor a Dios y al cónyuge.

Cabe aclarar aquí, que en el acto mismo de la relación sexual no tiene que ser sólo el hombre quien tome la iniciativa, lo que expreso acerca de la función de líder, iniciador, etc., es en su función de cabeza y sacerdote en general, pero en el lecho matrimonial se aplican las palabras de Pablo cuando dice: *«La mujer no tiene potestad sobre su propio cuerpo, sino el marido; ni tampoco tiene el marido potestad sobre su propio cuerpo, sino la mujer.» (1 Corintios 7.4)*

El Sexo

Como última consideración de esta introducción, enfoquemos nuestra atención en el concepto o función misma del sexo. Vale la pena recordar la secuencia que el patrón bíblico nos ha mostrado. Por lo tanto, recordemos una vez más los dos puntos que preceden a éste, o sea: Dios y tú.

1. **Dios:** Vimos que es el creador del hombre y la mujer, por consiguiente, del sexo. *«Y creó Dios al hombre a su imagen, a imagen de Dios lo creó; varón y hembra los creó.» (Génesis 1.27)*

2. **Tú:** Como espíritu eterno, creado a la imagen de Dios y como criatura terrestre, el ser humano tiene una doble relación de amor; una con Dios y la otra con su cónyuge. Si la relación con Dios es espiritual, la relación con el cónyuge añade el elemento físico; *«Por tanto, dejará el hombre a su padre y a su madre y se unirá a su mujer y serán una sola carne.» (Génesis 1.27)*

3. **El Sexo:** Al ser creación y diseño de Dios, es bueno, santo y puro. Además, como está diseñado para funcionar en la relación de dos seres que Dios creó, Dios desea que ambos sean bendecidos en su buen funcionamiento y que no sea gravoso: *«Y estaban ambos desnudos, Adán y su mujer y no se avergonzaban.» (Génesis 2.25)*

Consideremos, pues, la importancia del sexo en la relación matrimonial del hombre y la mujer. Para ello, me referiré a la relación sexual, primero desde un punto de vista puramente funcional, sin considerar su implicación completa con el espíritu y el alma; no porque ignore o menosprecie esa dimensión completa, sino para facilitar la comprensión del acto matrimonial, restándole su connotación pecaminosa y de esa manera, poder ilustrar la belleza y la santidad de esa unión en el matrimonio.

La Biblia misma nos exhorta a aprender las verdades espirituales por medio de ver y considerar cosas naturales. Por ejemplo, Jesús dijo: *«…mirad las aves del cielo…», «…considerad los lirios del campo…». (Mateo 6.26, 28)* Por medio de eso, nos enseñó lo que es fe en Dios para vencer el afán y la ansiedad. Luego dijo: *«De la higuera aprended la parábola…» (Mateo 24.32)* y eso enseñó los acontecimientos de los tiempos finales.

De igual manera, al considerar nosotros la creación de los otros seres vivientes, encontramos que todos fueron creados en pareja, o sea macho y hembra, para poder cumplir el mandato de Dios de fructificar y llenar la tierra. Además, vemos que, en muchas parejas de animales, el macho tiene características sobresalientes. Por ejemplo: el león y la leona, el gallo y la gallina, etc., expresándose en el resto de la creación el diseño de Dios de que el sexo masculino cumple la función de cabeza o líder y, por otro lado, se nos presenta el caso de la abeja reina y el zángano que, al invertir las funciones, la consecuencia final es muerte. ¿Qué quiero decir con todo esto? Que la diferencia de sexo entre el hombre y la mujer está limitada a la función temporal en este planeta y gobernada por rasgos y leyes materiales y biológicas; alterar ese orden como en los casos extremos de homosexuales o en casos más comunes de la mujer dominante, terminará finalmente en frustración y muerte.

Considerando la relación sexual en los animales, ¿le es vergonzoso a Dios ver cómo se multiplican sus criaturas? o ¿tienden éstas a esconderse porque se sienten mal delante de Él? ¡Ridículo! diría el lector. Pues bien, hagamos las mismas preguntas acerca del ser humano: ¿Le es vergonzoso a Dios ver cómo un esposo y su esposa se expresan amor físicamente? O ¿tienen que esconderse los esposos porque se sienten mal delante de Dios? Espero que a esto también pueda contestarse ¡Ridículo! aunque me temo que no será así, pues el entendimiento humano ha sido ensombrecido por el engaño sutil del diablo y no se puede ver tan normal y tan bendecido por Dios el que una pareja de seres humanos unidos en matrimonio tenga relación sexual, como el que una pareja de ovejas o de leones lo hagan.

Resumiremos esta tercera parte expresando:

El sexo es un diseño temporal de Dios para que el ser humano cumpla con su función de «fructificar y llenar la tierra». Definitivamente, hay mucho más que una mera relación física, pues ya vimos que el ser humano es creado a la imagen y semejanza de Dios. Por lo tanto, en todo lo que el ser humano haga para obedecer y glorificar a Dios, encontrará gozo, paz, amor y bendición y el sexo no es una excepción a eso. Por consiguiente, en las siguientes páginas repasaremos esas consideraciones en más detalle con respecto a la relación de esposo esposa; pero antes debíamos quitar la pecaminosidad y morbosidad de algo que Dios diseñó hermoso y que lo ordenó para ser disfrutado plenamente por su creación, en el orden correcto que Dios diseñó en el lecho matrimonial.

Concluyamos diciendo que Dios, Tú y el Sexo, al igual que todas las demás cosas que Dios desea que conozcamos, son una fuente de bendición con el mismo propósito de acercarnos más y más a nuestra meta de ser semejantes a Cristo y glorificar a Dios en nuestro espíritu, alma y cuerpo. Haciéndolo todo decentemente y en orden, como para Dios y no para los hombres.

Segunda Parte

Regresando al Diseño Original

¿Alguna vez ha pensado en la atmósfera de paz, belleza y amor que reinaba en el jardín del Edén? Ciertamente, no hay palabras que puedan describir justamente ese lugar cuando Dios lo creó para poner en él a Adán y Eva. Seguramente, ese lugar estaba diseñado para que proveyese todo lo necesario para que ellos disfrutasen de una luna de miel eterna. Sin embargo, conocemos la triste realidad: en lugar de una larga luna de miel, aquel paraíso se convirtió en el escenario del evento más negro de la historia humana. No sólo la rebelión contra Dios, sino el inicio de incidentes que llenaron de dolor y tristeza a los recién casados. Me pregunto si pasó por la mente de Adán, años después de duro trabajo, el pensar que por culpa de Eva se encontraba como estaba y que había perdido su posición de privilegiado; o quizá por la mente de Eva el resentir que Adán no haya sido lo suficientemente firme para no consentir en su sugerencia de comer del fruto prohibido y que, por culpa de su mal liderazgo, su hijo Abel estuviese muerto y su hijo Caín se hubiese ido para siempre.

En fin, tantas cosas que pudieron pensar, pero lo que pasarían por alto sería el hecho de que hubo un personaje, quien fue el responsable original de todo. Sin embargo, las heridas que se causaron Adán y Eva pudieron seguir creciendo y haciéndose más profundas mientras se acusaban el uno al otro. No obstante, al reconocer la verdad, aceptar responsabilidad por su pecado y resistir al Engañador, se podrían sanar las heridas, recibir perdón y rehacer su matrimonio.

Ahora quiero preguntarte a ti: ¿Cómo está tu matrimonio? ¿Ha pasado por tu mente que es culpa de tu cónyuge que estén cómo están?

En realidad, una gran cantidad de matrimonios arrastran a lo largo de su vida heridas profundas, resentimientos, amarguras y tantas cosas que hacen imposible experimentar el placer, el gozo y la paz que Dios ha diseñado para el matrimonio. Al igual que hubo esperanza para Adán y Eva, la ha habido para miles de matrimonios y la hay para el suyo, pues la escritura dice: *«Para que Satanás no gane ventaja alguna sobre nosotros, no ignoramos sus maquinaciones.» (2 Corintios 2.11)* El contexto de esa declaración habla del perdón, lo cual es un elemento indispensable para cualquier matrimonio que desee sanar sus relaciones y empezar a, o continuar creciendo en el entendimiento de lo que es el propósito de Dios para el matrimonio y poder aprender a gozar de la relación sexual, al despojarla de la manipulación mundana y corrupción satánica para devolverle la santidad, pureza y amor con la cual Dios la diseñó.

Diseñado para el Placer

Lo que deseo repetir varias veces en este capítulo, es una verdad que ha sido robada por el diablo y que sé que no basta con que lo diga una sola vez, pues a menos que la mente haya sido renovada con la Palabra de Dios, esta verdad parece una mentira y para algunos, un sacrilegio. Esta verdad es que Dios diseñó la relación sexual en su contexto correcto del matrimonio, para que fuese un placer entre los cónyuges. Sí, Dios diseñó la relación sexual para ser disfrutada; para ser un oasis en la vida de los cónyuges. Tristemente, si se le pregunta a la mayoría de las esposas en la actualidad, esa no es la realidad. Muchas de ellas no saben lo que es experimentar el orgasmo y todavía muchos esposos no saben conseguir que ellas lo experimenten; pero el énfasis que estoy haciendo en este instante es que Dios no sólo permite y bendice la relación sexual, sino que desea que los cónyuges la disfruten plenamente.

Veamos algunos textos de la Biblia que confirman esta declaración: *Proverbios 5.18–19: «Sea bendito tu manantial y alégrate con la mujer de tu juventud, como cierva amada y graciosa gacela. Sus caricias te satisfagan en todo tiempo y en su amor recréate siempre.»* Las palabras claves aquí son: «***Manantial***», refiriéndose a una fuente; implicando la fuente de vida en el sentido que se refiere a las partes genéticas del cuerpo o que producen vida. «***Caricias***»: Esta palabra literalmente significa pechos e implícitamente la silla o centro del amor. «***Recréate***»: la palabra en el original hebreo, literalmente dice «confundir» y por extensión, da la idea de intoxicar, de tambalearse de un lado a otro como ebrio. Sin ningún lugar a duda, esta porción habla de disfrutar de unas relaciones sexuales tan placenteras que producen el efecto de embriagarse sin las consecuencias negativas, de modo que hagan olvidar cualquier problema o mala experiencia. Envuelvan la mente en un éxtasis que por un momento confunde todo en un mundo de fantasía; pero repito, sin las consecuencias negativas de la droga o el licor, pues esto sí es un diseño bueno de Dios y no es contra la naturaleza.

Otra porción llena de belleza al describir la relación sexual entre esposos, es el Cantar de los Cantares, especialmente el capítulo 4. Todo el capítulo describe el placer y el deleite de los cónyuges mientras disfrutan del diseño de Dios en su relación. Especialmente, llamo la atención a los versos 9–12: *«Prendiste mi corazón, hermana, esposa mía; has apresado mi corazón con uno de tus ojos, con una gargantilla de tu cuello. Cuán hermosos son tus amores, hermana, esposa mía. Y cuánto mejores que el vino tus amores y el olor de tus ungüentos que todas las especias aromáticas. Como panal de miel destilan tus labios, oh esposa; miel y leche hay debajo de tu lengua y el olor de tus vestidos como el olor del Líbano. Huerto cerrado eres, hermana mía, esposa mía; fuente sellada.»* Las palabras «prendiste» y «apresaste» del verso 9 significan: «Estar encerrado, quitar el corazón, transportarlo por amor». Es un derivado de la misma palabra que consideramos antes «recréate». Luego, en el verso

12, las palabras «huerto» y «fuente» son muy especiales. Huerto significa: un jardín cercado o privado; pero definitivamente da la implicación de guardar la relación sexual sólo para su amada, así como un jardín privado al que salga a deleitarse y recrearse su amado en su belleza, fragancia y frescura y cercado, para evitar que las demandas de afuera puedan estorbar o ser intrusos en su deleite. Fuente: El mismo sentido que en el texto de Proverbios, pero añade la idea de que es la fuente de su satisfacción; de su gozo. La implicación de cerrada y sellada enfatiza nuevamente la pertenencia privada de esa relación sexual.

Al estar escribiendo estos comentarios, hice una pausa y salí a atender un asunto; me hice acompañar de mi hijo y aproveché a plantearle las preguntas del capítulo introductorio de este tema y comentamos acerca del significado de la porción de Proverbios. Como resultado de nuestra plática surgió esta luz: Aparentemente, el placer y deleite es temporal y sólo se consigue por medio de la droga o el licor. Estos dos elementos transportan a la persona a un éxtasis en el cual cercan sus pensamientos de toda otra cosa externa que no sea el placer y es un mundo privado. Cada quien está teniendo su propia fantasía y definitivamente hay placer y se puede experimentar ese éxtasis que aprisiona a la persona, lo cual la lleva a quedar esclavizada del vicio, de la droga o del licor y a pesar de que se ven las consecuencias, el placer temporal que ofrecen es tal, que continúa atrayendo una y otra vez a los que la prueban.

Comentábamos con Brandon que el diablo no es creador ni inventor, sólo distorsiona y corrompe; por tanto, esa herramienta suya que tanto resultado le da por ser tan atractiva, debe tener su origen sano y correcto en algo que Dios creó ¿Qué es ese algo? Desde luego, por las porciones bíblicas que acabamos de considerar, ya te puedes dar cuenta de que todo ese placer y éxtasis privado, que aprisiona y transporta el corazón a un mundo de deleite privado, cercado para evitar la interrupción de cosas ajenas y como fuente privada de gozo, deleite y solaz, es el diseño original de Dios para la relación sexual entre los cónyuges; y así como el sustituto y la imitación del diablo produce esclavitud como pago por esos momentos de placer y como pago final la muerte; de igual manera en el diseño de Dios, esa entrega de los cónyuges produce esclavitud del uno al otro, pero una esclavitud voluntaria y como meta final, el ser una sola carne, tan identificados y saciados el uno con el otro.

Quizá nos conviene expandir un poco más esta aparente sinonimia o similitud entre el sexo como el diseño de Dios y las drogas, el licor y el sexo como imitación diabólica.

¿Recuerda en Hechos 2, cuando el Espíritu Santo se derramó en la vida de los discípulos? El espectáculo que ellos estaban dando fue considerado por los observadores como que estaban borrachos. *Hechos 2.13: «Mas otros, burlándose decían: están llenos de mosto.»* Pasemos a considerar lo que eso implica para un observador ignorante de lo que estaba aconteciendo en el corazón de los discípulos (hombres y mujeres) el efecto o expresión física parecía la misma de alguien que está bajo los efectos del alcohol y no es de extrañar, pues el mismo Apóstol Pablo lo describe así cuando dice: *«No os embriaguéis con vino, en lo cual hay disolución; antes bien, sed llenos del Espíritu.» (Efesios 5.18)* En este tiempo, no era conocido o practicado el drogarse, pero estoy seguro de que la misma comparación se hubiese hecho.

Ahora bien, notemos las diferencias en la similitud: ambos experimentan un placer y deleite tóxico en el cual se apartan de la realidad inmediata para envolverse en un mundo de fantasía, donde literalmente se pierde noción de lo físico. Conviene aquí aclarar que en esa relación de amor espiritual entre Dios y sus discípulos en la cual eran considerados ebrios, era el Espíritu ministrando al espíritu, por lo cual el cuerpo se balanceaba y oscilaba como falto de control, pues la vida del cuerpo es el espíritu. *(Juan 6.63)*

De igual manera, en la relación sexual de los cónyuges, el espíritu se entrega de tal manera que el cuerpo experimenta una sensación de flotar y aún más, la droga y el alcohol producen esa sensación sólo que artificialmente, pues no es producida por la relación espíritu a espíritu, sino por un estimulante artificial al alma y en algunos casos, de espíritu satánico al alma humana y allí es donde termina la similitud.

El Espíritu Santo de Dios es vida, gozo, paz, luz, etc. Por consiguiente, el efecto final de relación con Él o con el espíritu humano, creado a su semejanza, es de vida, gozo, paz, luz, etc.; mientras que el diablo y lo artificial—sea drogas o licor—es muerte, dolor, guerra, tinieblas, etc. con resultado final de robo de salud, energía, paz, gozo, etc. y finalmente la muerte.

Bajo los efectos del sexo diseñado por Dios, el hombre y su esposa se conocen, empiezan a amarse y conforme se relacionan más y más ese amor crece. (Note eso: el amor crece como consecuencia de la relación sexual, no es al contrario que el sexo es consecuencia del amor). Sin embargo, en la imitación satánica, bajo los efectos de la droga, alcohol o simplemente la filosofía humanista, el hombre y la mujer se enajenan más y más, a tal grado que cambian parejas y no sólo eso, cambian sexos y no saben si como consecuencia de esa relación adquirirán sida, herpes o cualquier otra enfermedad venérea.

Definitivamente, la imitación del diablo produce efectos destructivos, mientras que el diseño de Dios produce que los cónyuges se conozcan, se amen y sigan la meta de la santidad y del lecho, sin mácula.

Ataques sutiles del Enemigo

Una de las razones por las cuales aún cristianos se sienten incómodos ante el tema del «placer y deleite» en la relación sexual matrimonial, es por los ataques sutiles del diablo al conseguir poner una connotación humanista, animal o pecaminosa a la relación sexual. Examinemos y desenmascaremos algunos de esos engaños:

Comparan el deseo sexual del hombre con el instinto sexual del animal. Recordarán que, en la parte introductoria de este capítulo, expuse que la diferencia de sexo entre el hombre y la mujer era con un propósito funcional, pero añadí que había diferencia entre los animales y el ser humano. Expandamos esto:

Los animales procrean por instinto. No hay ninguna

participación de la voluntad ni emociones y definitivamente, no existe amor, pues los animales no son seres espirituales; sólo responden a una motivación biológica que está programada en tiempos, períodos o estaciones. Es una relación que involucra sólo una parte del animal, su instinto. Por otro lado, el ser humano se involucra completamente: Espíritu, alma y cuerpo. Es un deseo que responde a su voluntad, no a su instinto. Los animales no crecen en amor, comprensión ni en nada por medio de la relación sexual, bueno, quizá crecen en número, pero eso es todo, mientras que la Biblia describe la relación sexual entre esposo y esposa como «conocerse». Por ejemplo, dice: «Conoció Adán a su mujer». Además, crecen en identificación espiritual y física.

De toda la creación de Dios, el ser humano es el único que tiene la relación sexual cara a cara, porque no son dos cuerpos cumpliendo solamente una función biológica, sino que son dos personas entregándose completamente la una a la otra. Los que enfatizan el concepto humanista de que el sexo es sólo un impulso o una necesidad biológica, básicamente están diciendo: «Como el sexo es un impulso, una necesidad biológica, el tener relaciones sexuales con alguien no le dice nada, es exactamente lo mismo que la necesidad de ir al inodoro y evacuar.» Esto es algo que deben considerar especialmente las jovencitas que se dejan seducir y llevar a la cama ¿Qué se sentirá ser el retrete de alguien que tiene una necesidad biológica? ¿Suena eso alarmante? Seguramente que sí, pero conviene analizar que Dios en su Palabra exhorta a los jóvenes a huir de las pasiones juveniles y abstenerse de la fornicación, por el daño tan devastador que produce. Si eso es lo que abrirá el entendimiento de señoritas que están cegadas con novelas, historias, ideas románticas o con el concepto de la nueva generación, pues eso es lo que presentaremos.

Otro ataque sutil del diablo es la presión de iguales o de la sociedad. Dicho de otro modo, el bombardeo de los medios de información que presenta al hombre con su imagen de macho o playboy y a la mujer moderna, libre, inteligente y realizada, como una mujer que «sabe hacer el amor» y que tener relaciones sexuales lo toma simplemente como «pasar un buen rato», lo mismo que el estar en una fiesta o un lugar de diversión. Esta presión humanista señala tanto a hombres como a mujeres que conservan la santidad de la relación sexual para el matrimonio, como atrasados, anticuados e ignorantes. Recuerdo que, en un programa de preguntas, una señorita de esas modernas llamó para contender con la mujer que estaba dando una plática sobre «¿Por qué esperar hasta el matrimonio?» y argumentó que la práctica perfecciona, es mejor probar primero si son compatibles y varias otras cosas más, a las cuales, la mujer del programa respondió varias cosas, entre las que recuerdo la siguiente: «A nadie le gusta un limón que ha sido exprimido muchas veces y muy manoseado». Seguramente, los que exprimieron el limón se han perfeccionado con la práctica; también probaron antes si les convendría hacer limonada con ese limón, pero el limón ya no sirve para nada. Un limón tan exprimido es basura. Esto presenta el cuadro de la mujer como limón y siempre quien lleva las de perder en el aspecto físico es la mujer, porque desde luego, en el aspecto moral, emocional y espiritual también los hombres sufrirán las mismas consecuencias devastadoras, quizá no lo notarán, pero nunca podrán tener un hogar feliz porque *«Dios no puede ser burlado»*, y *«Lo que el hombre sembrare, eso también segará; el que siembra para la carne (sexo, etc.) de la carne segará corrupción.» (Gálatas 6.7–8)*

Eso es en cuanto a las relaciones sexuales fuera del matrimonio o relaciones adúlteras, pero ¿Cómo afecta eso al matrimonio? Muy sencillo, el hombre o la mujer que ignora la verdad de la relación sexual en el diseño de Dios, tiende a querer evaluar o comparar su matrimonio con los modelos o patrones de los medios de comunicación, buscando la satisfacción únicamente en elementos físicos e ignorando la realidad del espíritu y el alma.

La relación sexual, según el diseño de Dios, implica la entrega total del espíritu, alma y cuerpo, produciendo así un conocerse más profundo en los cónyuges. Es el mismo sentir que el hombre tiene con Dios, un conocer más y más a Dios hasta llegar a ser uno con Él. Ninguna de las ideas pervertidas y adulteradas del mundo puede, por lo menos, acercarse a esta meta. Por lo tanto, pasemos ahora a considerar lo que la pareja cristiana debe hacer para crecer en el amor y en el deleite del diseño de Dios para el matrimonio.

Tercera Parte

Una Sola Carne

Lo primero que debe recordar la pareja cristiana es el mandamiento de Génesis 2.24: *«Por tanto, dejará el hombre a su padre y a su madre y se unirá a su mujer y serán una sola carne.»* Este mandamiento es sumamente importante, especialmente para los latinoamericanos, pues ellos son quienes más lo quebrantan.

En primer lugar, ordena que la pareja de recién casados deje a sus padres. El hecho de dejar no es sólo físico, sino que, específicamente hablando, es un dejar emocional o sea que ya no depende emocional ni físicamente de los padres, ni afectan las decisiones que la pareja tome o sean causa de discusión.

El unirse también es especial. Da la idea de pegar con un pegamento tan fuerte que, al tratar de separarse, sea imposible separar las dos partes enteras sin que se rompa cualquier otro lado, porque ambas partes conservarán algo del otro. Amplía la necesidad de dejar padre y madre en el sentido de que, para que algo pegue bien, debe estar totalmente limpio. Así, la pareja debe haber dejado padre y madre para poder unirse uno al otro.

El punto o meta final es llegar a ser uno. El hecho de que diga *«una sola carne»* enfatiza la unión sexual y el hecho de que lo ponga como tercer paso, implica que no se puede disfrutar plenamente la relación sexual, sin antes cumplir con los otros requisitos.

Otro punto interesante es el aplicar Salmos 139.14–16 a la relación sexual. El Salmo dice: *«Te alabaré, porque formidables y maravillosas son tus obras. Estoy maravillado y mi alma lo sabe muy bien. No fue encubierto de ti mi cuerpo, bien que en oculto fui formado y entretejido en lo más profundo de la tierra. Mi embrión vio tus ojos y en tu libro estaban escritas todas aquellas cosas que fueron luego formadas, sin faltar una de ellas.»* Al considerar que los distintos órganos y partes del cuerpo que producen placer sexual fueron diseñados por Dios, vemos que su plan original incluía el placer sexual como uno de los deleites bendecidos para el ser humano.

La palabra final en cuanto a la relación sexual, la dicta Pablo, cuando en 1 Corintios 7.3–5 concluye en que los esposos que se niegan a tener relación sexual, se defraudan... *«El marido cumpla con la mujer el deber conyugal y asimismo la mujer con el marido. La mujer no tiene potestad sobre su propio cuerpo, sino el marido; ni tampoco tiene el marido potestad sobre su propio cuerpo, sino la mujer. No os neguéis el uno al otro, a no ser por algún tiempo de mutuo consentimiento, para ocuparos sosegadamente en la oración y volved a juntaros en uno para que no os tiente Satanás a causa de vuestra incontinencia.»*

Esta porción ha sido muy mal interpretada por usar la expresión «deber conyugal». Por mucho tiempo, se ha creído que la relación sexual es sólo para cumplir el deber de esposos y para procrear hijos; aunque es la mujer quien más ha caído en ese error, también los hombres han ignorado su responsabilidad de satisfacer a sus esposas y esa falta de placer en el sexo es una de las causas principales por las cuales llegan algunas parejas a decir que ya no se aman, por lo tanto, hagamos algunas aclaraciones en cuanto al amor.

La Renovación del Amor

El concepto de amor es algo sumamente importante en el matrimonio. Si los cónyuges se aman, la relación sexual será un deleite continuo; pero, ¿qué ocurre cuando los cónyuges sienten que ya no se aman?

Lo primero que debe quedar claro es la variedad de definiciones de amor. En todas ellas, la idea predominante es un sentir que satisface, es el concepto de conseguir o recibir, una expectativa de ser satisfecho. Todas estas definiciones sólo contribuyen a aceptar esa idea errónea de que se puede perder el amor.

El amor bíblico o ágape es presentado como un amor incondicional, que busca dar aún sin recibir. En el mandato bíblico de «ser una sola carne», Dios presenta el ingrediente fundamental del amor: «compromiso de entrega total incondicional».

Conviene recordar lo que dijimos al principio: El sexo no es consecuencia del amor, sino que el amor nace y crece como consecuencia de «conocerse» en el sexo. Por eso, Dios ordena que primero los dos se unan en uno y como consecuencia de ese compromiso que es el vínculo que nos une, surge el sentimiento de amor (no que el amor sea un sentimiento, sino a manera de una mejor explicación) el sentimiento es consecuencia de ese mutuo compromiso del uno al otro, sin importar las circunstancias.

El amor es un acto de la voluntad, en el cual uno se da a la tarea de hacer feliz al otro y como resultado, el cónyuge responde a ese amor de la misma manera. En resumen, podemos decir que, para amar, primero hay que ver hacia Dios, pues según se ame y honre a Dios como Dios, se estará dispuesto a cumplir con el mandamiento de amar aún a los enemigos.

Para los que piensan que porque ya no «sienten» amor, el matrimonio tiene que terminar, se les recuerda que el amor bíblico puede renovarse y transformar toda su vida.

La renovación del amor requiere tres aspectos:

Primero: La elección de la voluntad, o sea, querer amar; pues nada pasará, si no hay disposición.

Segundo: La acción, lo que implica empezar a actuar.

Tercero: El sentimiento. Viene al final, pues no es el ingrediente principal, sino la consecuencia.

Vale la pena recordar lo que dice Romanos 12.2 y aplicarlo al concepto de renovar el amor: *«No os conforméis a este siglo, sino transformaos por medio de la renovación de vuestro entendimiento para que comprobéis cuál sea la buena voluntad de Dios, agradable y perfecta.»*

La voluntad de Dios es que se amen para siempre, hasta que la muerte los separe. Si remueven de la mente todas las excusas y pretextos que el mundo, la carne y el diablo han puesto en las personas, definitivamente el amor puede renovarse en el matrimonio.

Una vez que la mente se renueva y existe la voluntad de amar, ¿cuál es el segundo paso? El hombre debe dedicarse a cumplir de lleno lo que la Biblia indica como funciones del esposo y la mujer a cumplir las de la esposa, sin importar lo que haga el otro cónyuge. Cada uno debe actuar en obediencia a Dios en la renovación de su entendimiento.

Sólo al dar los primeros pasos, surgirá el sentimiento. Por lo tanto, la persona que quiere evaluar su amor a la luz del sentimiento solamente, quedará frustrada y asumirá conclusiones equivocadas. Recuerde que los pasos a dar en la renovación del amor no son místicos ni súper espirituales, sino prácticos y muy relacionados con el diario vivir del cónyuge. Por ejemplo: interés en su estado emocional y físico al final del día de trabajo, atención a sus necesidades aun cuando no las exprese y la comunicación es especialmente uno de los ingredientes más importantes en la renovación, mantenimiento y crecimiento del amor.

Algo importante es recordar que como el amor no busca lo suyo, es necesario conocer cómo expresar el amor y las caricias en una forma que satisfaga al cónyuge, según el diseño de Dios y no según los conceptos ficticios del humanismo. Por lo tanto, debemos reconocer nuestra necesidad de volver a lo básico y eso es un conocimiento general de nuestros cuerpos, llamando los distintos miembros por su nombre y aprendiendo su función para un mejor trato. Por lo tanto, al conocer los órganos y las funciones sexuales por sus nombres correctos, evitaremos la connotación morbosa que el mundo ha puesto sobre algo que Dios creó hermoso y puro.

Los Órganos Sexuales Femeninos

Son llamados genitales: viene del latín «*genitalia*» que significa «dar nacimiento». Estos órganos reproductivos se hallan en dos grupos:

1. **Los genitales externos:** (están en la parte exterior del cuerpo) el monte venus, los labios mayores, los labios menores y el clítoris.

a. **El monte venus:** es como un pequeño cojín de grasa que sirve de protección. Está situado sobre la sínfisis del pubis (la prominencia ósea que está por encima de los labios mayores).

b. **Los labios mayores:** del latín «*labia majora*». Están paralelos a los menores, sólo que éstos están en la parte externa y proveen protección en la entrada de la vagina.

c. **Los labios menores:** del latín «*labia minora*». Son dos pliegues paralelos de tejido terso. Se conectan sobre el clítoris y terminan debajo de la entrada a la vagina. Durante la relación sexual, estos labios producen una sensación más placentera a la mujer que el mismo clítoris.

d. **El clítoris:** significa «aquello que está encerrado», pues está encerrado debajo de la parte alta de los labios de la vagina. Este es el punto más agudo donde la mujer experimenta la excitación sexual, a tal grado que puede producirse el orgasmo con sólo la excitación física del clítoris.

2. **Los genitales internos:** (están en la parte interior del cuerpo) la uretra, el himen, la vagina, la cerviz, el útero, las trompas de Falopio y los ovarios.

a. **La uretra:** es el pequeño tubo por el cual baja la orina desde la vejiga. Está situado debajo del hueso púbico. Puede ser lastimada fácilmente durante la relación sexual, si la vagina no está lo suficientemente lubricada antes de que el pene sea introducido.

b. **El himen:** es la membrana que queda situada en la parte de atrás de la abertura de la vagina. Puede estar ausente aún desde el nacimiento, sin que su ausencia implique la pérdida de la virginidad. Especialmente, los recién casados deben tener un entendimiento del proceso del rompimiento del himen para evitar dolores innecesarios.

c. **La vagina:** palabra derivada también del latín, «*vagina*» que significa, «estuche, cubierta, envoltura». Sirve como pasaje a los órganos genitales internos.

c. **La cerviz:** del latín «*cêrvix*», que significa «cuello» y se refiere al cuello del útero.

d. **El útero:** de la palabra latina «*uterus*», que significa «vientre o barriga». Normalmente, es del tamaño y forma de una pera, pero durante el embarazo se extiende hasta poder acomodar a seis bebés. Tiene muchas fibras elásticas combinadas con fibras musculares poderosas y son estos músculos los que, al contraerse enérgicamente, expelen al bebé durante el parto.

e. **Las trompas de Falopio (oviductos):** Oviductos quiere decir «canales conductores de huevos». Cada oviducto corresponde a cada ovario. En ellos se encuentran el óvulo femenino y el espermatozoide masculino que vienen de direcciones opuestas.

f. **Los ovarios:** del término latín «*ova*», que significa huevo. Su función principal es producir los óvulos. En el acto matrimonial, cuando un óvulo es fertilizado, se produce un embarazo. Si el óvulo o huevo se divide, produce un embarazo de mellizos idénticos. Si dos óvulos son fertilizados, puede ser un embarazo de mellizos, pero no idénticos.

El Ciclo Menstrual

Del latín «*mensis*» que significa «mes». Es un derrame de sangre que ocurre aproximadamente una vez al mes. Es un revestimiento del útero. Es el único caso en el cual la pérdida de sangre no implica daño, sino salud.

Obviamente, «menopausia» significa «pausa en la menstruación». No hay razón médica para abstenerse de cualquier actividad o esfuerzo físico durante la menstruación.

Concepción, Embarazo y Nacimiento

Como vimos anteriormente, la fertilización ocurre en el oviducto de la madre. El óvulo (femenino) es fertilizado por el espermatozoide (masculino). El óvulo es la célula humana más grande. Está cargado del alimento necesario para mantener al embrión durante los primeros días de su desarrollo. No tiene movimiento y es colocado en la parte superior del oviducto (Trompa de Falopio) si no es fertilizado en un término de 24 horas, se desintegra. El espermatozoide es una célula mucho más pequeña. Su forma se asemeja a un renacuajo, tiene una cabeza ovalada y un cuello que lo une con la cola o flagelo. Es muy ágil y, por lo tanto, puede llegar antes que el óvulo al oviducto. El espermatozoide dura vivo alrededor de dos o tres días, por lo cual puede haber concepción durante 4 ó 5 días en cada ciclo menstrual.

1. ¿Cómo se fertiliza el óvulo?

En la eyaculación, normalmente sólo un espermatozoide entra al oviducto y parece producir un cambio químico que evita la entrada de los demás. El espermatozoide que entra pierde su cola y llega al óvulo. En este espermatozoide se encuentran unas fibrillas llamadas cromosomas, las cuales contienen millones de genes que dan las características o genéticas del padre a la nueva vida. Sólo los genes del padre determinan el sexo de la nueva criatura. En el óvulo se encuentran las fibrillas de la herencia de la madre. En pocas horas, se unen los cromosomas procedentes de ambas partes y se forma un huevo fertilizado, el cual, en cuestión de horas comienza a dividirse hasta llegar a formar un racimo de células que parecen burbujas.

2. Los nueve meses de embarazo:

En cuatro días, el racimo de células es llevado al útero, donde se pega y arraiga. A finales de la segunda semana, se empieza a formar el embrión. Alrededor del día 27, la placenta, que está vinculada con el cordón umbilical, empieza una serie de funciones que son necesarias para mantener el embarazo. Todos los rasgos del bebé y sus órganos vitales empiezan a formarse en los dos primeros meses; el corazón empieza a palpitar alrededor del día 22; el embrión es llamado feto; a los dos meses puede mover los brazos y piernas, voltear la cabeza, abrir y cerrar la boca y deglutir. En el noveno mes, se produce una reacción química que da lugar al parto. Los músculos del útero ejercen fuerza con el objeto de empujar al bebé hacia afuera.

3. El nacimiento:

Al término de un mes, los órganos de reproducción están listos para comenzar a funcionar de nuevo. Aunque la primera menstruación tarda en llegar, hay ovulación y, por lo tanto, puede haber concepción. Después de dar a luz, las madres experimentan descenso en su nivel de estrógeno, lo cual puede producirles depresión. Al dar lactancia materna, también se suprime la producción de estrógeno y puede desarrollar un adelgazamiento del revestimiento vaginal, lo cual puede causar dolor durante las relaciones sexuales. Por lo tanto, se requerirá el uso de crema de estrógeno, gelatina vaginal o algún otro lubricante antes de la relación sexual.

Órganos Reproductores Masculinos

Hay tres órganos masculinos básicos: el pene, los testículos y la próstata.

1. **El pene:** está formado por tres columnas de tejido esponjoso eréctil. En la del centro se encuentra la uretra. La cabeza del pene se llama glande. En el nacimiento, el glande se encuentra cubierto de un pliegue de piel llamado prepucio, el cual requiere de atención especial para mantenerlo limpio y así evitar la acumulación de la secreción grasosa llamada esmegma. La uretra es un pequeño tubo que lleva la orina desde la vejiga a través de la próstata y el pene. La longitud del pene no afecta ni varía la relación sexual, pues casi todas las sensaciones sexuales se experimentan en el glande, en caso del hombre y el clítoris en la mujer.

2. **Los testículos:** también conocidos como gónadas o glándulas sexuales. Se encuentran en una bolsa de piel llamada escroto,

que es un saco doble. Cada testículo es una masa de largos y delgados tubos que fabrican los espermatozoides. La esperma se mueve del testículo al epidídimo, que es otra red que cubre uno de los lados de cada testículo. De allí, el esperma es llevado a las vesículas seminales por los vasos deferentes, que son unos tubos de casi 45 centímetros de largo, que dan una vuelta alrededor del interior de la pelvis. Antes de entrar en la próstata, se amplía el canal del testículo, lo cual forma una ampolla o lugar de reserva del semen; de allí continúan las vesículas seminales, que son dos sacos localizados encima y detrás de la próstata. Durante la eyaculación (clímax sexual) el fluido es forzado a salir de las vesículas seminales, a través de diminutos tubos en el conducto eyaculatorio que está localizado antes de entrar a la base del pene.

3. **La próstata:** está localizada entre la vejiga y la base del pene. Es similar en tamaño y forma a una nuez. Rodea el pasaje urinario precisamente en la base de la vejiga.

El semen: inmediatamente después de la próstata, se encuentran dos aberturas de las glándulas que segregan un mucus que lubrica el canal urinario, a fin de permitir el fácil movimiento del semen durante la eyaculación. Primariamente, el semen es proteína, parecida a la que se encuentra en la clara de huevo y a pesar del olor que lo caracteriza, no es sucio ni insalubre.

Cuarta Parte

Fases en el Acto Sexual

Una vez que podemos pensar y hablar de nuestros órganos sexuales con la misma claridad y libertad que de cualquier otro miembro de nuestro cuerpo, como la mano, el pie, el ojo, etc., podemos pasar a considerar tácticas o formas para que la relación sexual pueda llegar a ser lo que originalmente Dios diseñó. Para ello, conviene despojarse de toda idea preconcebida de lo que la relación sexual es, no pretender saberlo todo, especialmente el hombre y no ir engañados por novelas románticas ni por el engaño mundano. Más bien, con una franca disposición de aprender juntos y de confesar inhibiciones o temores que limiten el placer sexual.

Para analizar y explicar mejor el acto sexual, se puede dividir en cuatro fases que señalan los cambios físicos que ocurren:

1. Primera Fase: La Excitación Sexual

Este es el tiempo en el cual se manifiesta amor de una manera más consciente. Es especialmente aquí donde el hombre debe concentrarse en expresar a su esposa que la ama y que disfruta completamente de su compañía, no solamente en el acto sexual, sino una manifestación continua, desde acostarse y luego, por un desarrollo gradual de caricias en todo el cuerpo; no sólo en las partes relacionadas con la excitación.

El ejemplo de Cantar de los Cantares nos aclara esto en el 4.7: *«Toda tú eres hermosa, amiga mía y en ti no hay mancha.»* Y 5.16: *«Su paladar, dulcísimo, y todo él codiciable. Tal es mi amado, tal es mi amigo…»* Este período no debe ser de apresuramiento, es el que más tiempo debe tomar y es en el cual la pareja debe aprender a deleitarse y conocerse más y más. La comunicación aquí es importante, ya sea por palabras o guiando la mano del cónyuge a las partes del cuerpo que desea sentir acariciadas. Durante esta fase, debe haber continuidad en las caricias, un abrazo prolongado o cualquier tiempo de calma detendría la tensión sexual, especialmente en la mujer. La meta es el deleite mutuo. La pareja puede experimentar lo que satisfaga a ambos, casi todo es permitido, excepto lo prohibido por la Biblia como *«contrario al uso natural»* (por ejemplo, relación anal) y lo que afecte a cualquiera de los cónyuges. *«El amor no busca lo suyo»*, sino el producir placer y deleite en el otro cónyuge.

2. Segunda fase: La Excitación Creciente

Esto no es más que un proceso gradual, como resultado de las caricias y excitación primera. El objeto de esta excitación creciente no es sólo asegurar que la esposa esté lista para experimentar el orgasmo, sino que debe ser una de las etapas más deliciosas para ambos cónyuges. Aquí se acentúan las caricias sobre las partes más estimulantes de la esposa, los pechos y delicadamente sobre los órganos genitales. En esta fase, debe haber una soltura de las emociones, especialmente de la mujer y estar tan libre como sea posible, mientras el hombre aprende a controlar el tiempo de su respuesta.

Dependiendo de la efectividad con que se desarrolle esta fase de caricias, ambos disfrutarán el orgasmo de una manera más placentera, que dejará buenos recuerdos y deseos de repetirlo. Las posiciones de sus cuerpos deben adaptarse a su propia individualidad. Las posiciones más comunes son: la posición del hombre arriba: esta es la más usada y la que la mayoría de matrimonios consideran más satisfactoria Requiere más control del hombre, pues la mujer está privada de movimiento. Luego está la posición de la mujer arriba: la ventaja de ésta, es que la esposa controla el tiempo y la profundidad del pene mediante sus movimientos. Además, da libertad al esposo para continuar las caricias con sus manos. Otra posición es la lateral, o sea, lado a lado. Comienza con la posición de la mujer arriba, y poco a poco la esposa se inclina hacia su derecha, poniendo su pierna derecha entre las piernas del esposo y la izquierda sobre la pierna derecha del esposo. Las ventajas son que ambos cónyuges tienen una mano libre para continuar las caricias. La posición del hombre atrás se usa muy raramente, pues en ella el pene no toca el clítoris. Esta posición, al igual que otras, se usa más que todo durante los tiempos de embarazo, cuando las otras no son factibles.

3. Tercera fase: El Orgasmo

Hay algunas cosas que el hombre puede hacer para disfrutar y aumentar la intensidad del orgasmo: 1. Esperar por lo menos 24 horas entre cada orgasmo. 2. Alargar el período de caricias antes de introducir el pene. 3. Aumentar el factor imaginación al ver a la esposa responder a la excitación física, inteligente y hábil que el esposo le ofrece. 4. Contraer voluntariamente los músculos del esfínter anal durante el orgasmo. 5. Aumentar la fuerza del impulso mientras se produce el orgasmo.

La esposa puede contribuir a su orgasmo vigorizando sus contracciones musculares y agregando sus propios movimientos a los del esposo.

Algo muy importante de comprender es que, aunque es especial que ambos experimenten el orgasmo al mismo tiempo, no importa si no es así. Lo que es sumamente importante es que ambos lo disfruten, por lo cual, tan pronto como el esposo consigue su orgasmo, debe continuar trabajando en estimular el clítoris de la esposa, para que ella experimente varios orgasmos, pues Dios lo diseñó así y el esposo debe desear que ella sea satisfecha.

4. Cuarta fase: El Relajamiento

Cuando ambos cónyuges han disfrutado del orgasmo, no ha terminado el acto sexual, sino que debe seguir un tiempo de relajamiento y descanso, en el cual ambos disfruten la presencia el uno del otro; las caricias tiernas y suaves pueden continuar hasta que cese toda señal de excitación física.

Observaciones adicionales

Puesto que el éxito del placer sexual en el matrimonio depende de un involucramiento de todo el ser, no sólo del cuerpo, es conveniente hacer algunas observaciones.

Primero: la relación sexual debe ser siempre llena de vida, lo cual implica creatividad, disposición a cambios y no limitar la relación a una rutina. Aún los momentos placenteros, si se limitan a repetirse una y otra vez, pierden su deleite.

Segundo: en el acto sexual, «los dos son una carne», por consiguiente, la función de líder y ayuda idónea no se aplican aquí. La mujer puede tomar la iniciativa y ser libre en expresarse sin restricciones y el hombre puede permitir ser guiado a una experiencia nueva y estimulante.

Tercero: la apreciación del aspecto relajante y creativo de la relación sexual. Debe llegarse a la relación como a un «juego de amor», como una diversión, no como una obligación, sino como un refrigerio provisto por Dios.

Cuarto: aprender a amar y a valorar el cuerpo del cónyuge como una posesión propia, no como algo que se pueda desechar, sino como un tesoro preciado. El aprender a valorarlo así en la relación sexual será tan sólo el inicio de valorarlo así en todos los aspectos de la vida.

Recuerde que esta experiencia es tan especial que, aunque se presenten ciertas técnicas y sugerencias, sigue siendo sólo conforme los cónyuges se «conocen» que se perfeccionará y disfrutará del acto matrimonial.

Conclusión

Para concluir, recuerde que su vida matrimonial debe ser «un pequeño reino privado», porque al considerarlo así se hace conciencia de dos puntos importantes.

El primero es que su vida no es sólo la relación sexual, sino que es mucho más—lo incluye todo: lo espiritual, emocional y físico.

El segundo punto es que como reino privado necesita estar consciente de quién es el Rey y, desde luego, tiene que ser Jesús, el Rey de Reyes y Señor de Señores.

Recuerde que el matrimonio ocupa la prioridad uno y que no debe permitirse a familiares, vecinos o amigos invadir esa privacidad para motivar a los cónyuges a separarse, aunque sea en opinión, reconociendo que el más sutil ataque del enemigo al matrimonio viene como infiltración.

Es necesario conocer a los enemigos más perversos del reino, tales como: la obstinación, el orgullo, la autoconmiseración, el resentimiento, la ira, la amargura y los celos. Resistir los ataques de estos enemigos fortalecerá el reino privado del matrimonio y le dará seguridad, estabilidad y serenidad.

Quizá tu matrimonio no ha sido el ideal y tú anhelas conseguir la atmósfera aquí expresada. ¡Es posible! Por eso es necesario volver a considerar al Rey de este reino, entender la importancia de reconocerlo como Señor en todo aspecto de la vida y luego perdonar como Él nos perdonó para poder comenzar de nuevo, con Su bendición, al establecer el matrimonio como Él lo diseñó. Si Jesús no es Señor y Rey de tu vida, ese es el primer paso que tú debes dar, pues el matrimonio no es más que una representación de la vida de la Iglesia, sujeta al señorío amoroso de Jesús. *«Grande es este misterio, más yo os digo esto respecto de Cristo y de la Iglesia.» (Efesios 5.32)*

EL DIVORCIO

Primera Parte

No hay problema sin solución

Si tú eres como la mayoría de la gente, pensarás que hay ciertas circunstancias o problemas en el matrimonio que simplemente no se pueden resolver. Sin embargo, no hay nada que no se pueda resolver al conocer las normas y leyes que gobiernan la situación en la que nos encontramos. Por ejemplo, una vez se descompuso mi reloj de pulsera y un tanto ignorante de lo complejo que era su funcionamiento, lo abrí para ver qué pasaba. Mi sorpresa fue al ver una cantidad de piezas y resortes minuciosamente entrelazados, los cuales saltaron delante de mí, debido a mi falta de tacto al abrirlo. Después de recoger todas las piececitas y no encontrar la forma de colocarlas nuevamente, llevé el reloj a un relojero, asumiendo que me diría que la revolución que yo había causado era tal, que no tenía solución.

La realidad fue otra. El experimentado relojero conocía cada una de las partes, dónde deberían estar y qué debía hacer. Además, tenía las herramientas adecuadas, así que con paciencia y delicadeza lo armó de nuevo y diagnosticó que el problema era que estaba sucio. Luego lo limpió y el reloj volvió a funcionar. Lo mismo sucede con el matrimonio. Para nosotros puede parecer que está tan mal y que es imposible volver a unirlo y hacerlo funcionar, pero la realidad es que Dios, su creador, conoce todo lo relacionado con él. Sabe cuál debe ser la función de cada cónyuge y los distintos elementos y circunstancias que se interrelacionan para producir una vida matrimonial. Por lo tanto, al tomar las piezas fuera de lugar y aparentemente irresolubles, Él puede ponerlas en su respectivo lugar y diagnosticar que el problema es falta de limpieza en nuestro entendimiento, que el polvo de la corriente de este siglo ha detenido nuestro pensar a la luz de las Escrituras y nos ha metido en el molde del humanismo, en el molde del mundo. No obstante, Él puede limpiarnos y ponernos a funcionar una vez más como Él nos diseñó al principio.

Otra forma de ilustrar esto es con el siguiente problema:

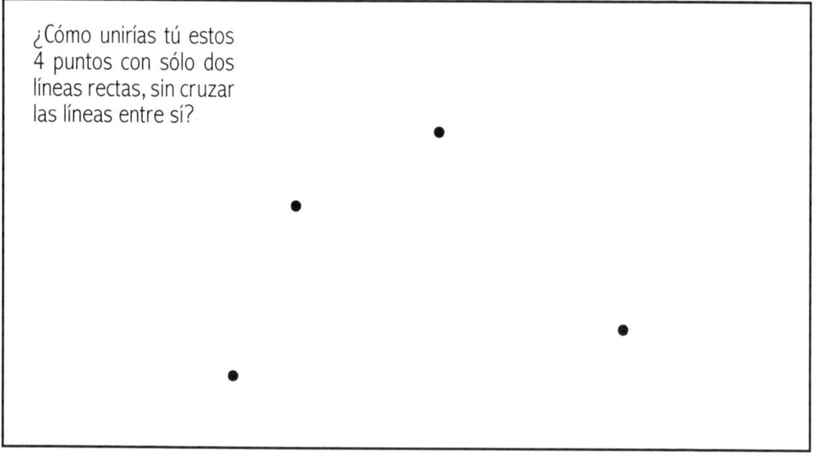

Si tú eres como la mayoría de la gente, pensarás que no se puede hacer, pero la realidad es que sí es posible y, desde luego, lo que a primera vista es imposible, al conocer la respuesta, lo verás como algo muy sencillo.

Quiero usar esta prueba de los 4 puntos para ilustrar que en la vida cotidiana y en los asuntos que confrontamos como crisis o problemas sin solución, la respuesta es la misma. Permítame mostrarle la solución al problema de los 4 puntos para luego compararlo con otro problema que está destruyendo vidas, dividiendo hogares y debilitando naciones: el divorcio. No sé si has pasado por esa terrible condición, si estás considerándolo o si conoces a alguien en esa condición, pero quiero decirte que el divorcio siempre trae consecuencias peores que las que se anticipan y que nunca es la solución final que se creyó. La mayoría de las personas que recurren al divorcio son las que consideran sus matrimonios como los que dicen que el problema de los 4 puntos no tiene solución. La causa por la cual, no pueden solucionar el problema y no pueden mejorar y salvar su matrimonio es una sola: un cuadro de referencia cerrado y limitado.

¿Qué quiero decir con esto? Que están tratando de solucionar el problema sin extenderse más allá de lo que tienen por delante y de los factores que les son conocidos. Por lo tanto, por mucho que piensen y luchen y por más vueltas que le den al asunto, no llegan a ninguna solución. Necesitan un marco de referencia más amplio, para usar términos bíblicos, necesitan dejar de ver las cosas que se ven y empezar a ver las que no se ven. *(1 Corintios 4.16)*

Lo mejor que se puede hacer al tratar de solucionar algo, es preguntar al fabricante o inventor de ese algo acerca de cómo funciona, qué lo puede dañar, cuál es el manual de operación, etc. Desde luego, en cuanto al matrimonio, el inventor y fabricante es Dios y el manual de instrucción es la Biblia. Hay muchos consejeros matrimoniales que ignoran la voluntad de Dios y que ni siquiera saben lo que dice la Biblia, más bien se apoyan en *«filosofías y sutilezas huecas». (Colosenses 2.8)* Dan consejo y dirección de cosas que no saben, pues su mente carnal no puede concebir las cosas de Dios. *(Romanos 8.6–7; 1 Corintios 2.14)* También hay consejeros cristianos, pero se apoyan más en lo que aprenden en las universidades y en los libros y desechan lo que dice la Biblia y el resultado es el mismo: dolor, frustración, división, condenación y muerte.

¿Cómo solucionar el problema de los 4 puntos? ¡Muy fácil! Teniendo un marco de referencia más amplio. Si tú te das cuenta, los puntos no están todos a la misma distancia entre sí, ni colocados en ángulos rectos. Numerémoslos para explicarlo de una mejor forma:

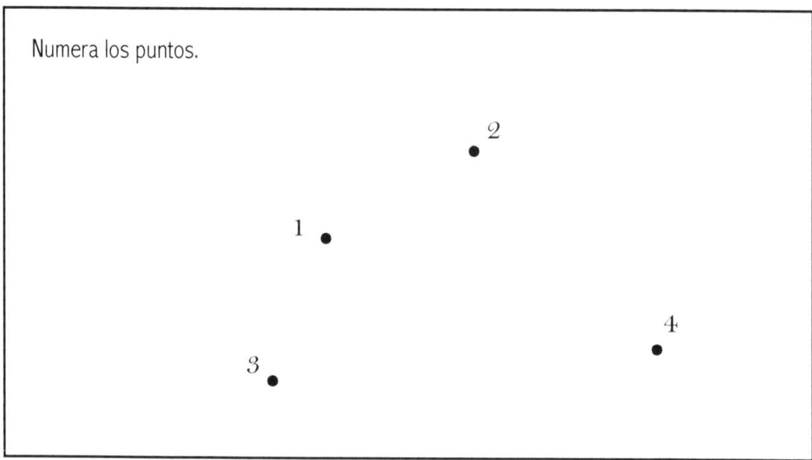

Como podrás notar, el número 2 no se encuentra al mismo nivel vertical u horizontal que el otro, así que todo lo que necesitas es ampliar tu panorama y así podrás unirlos de dos formas diferentes:

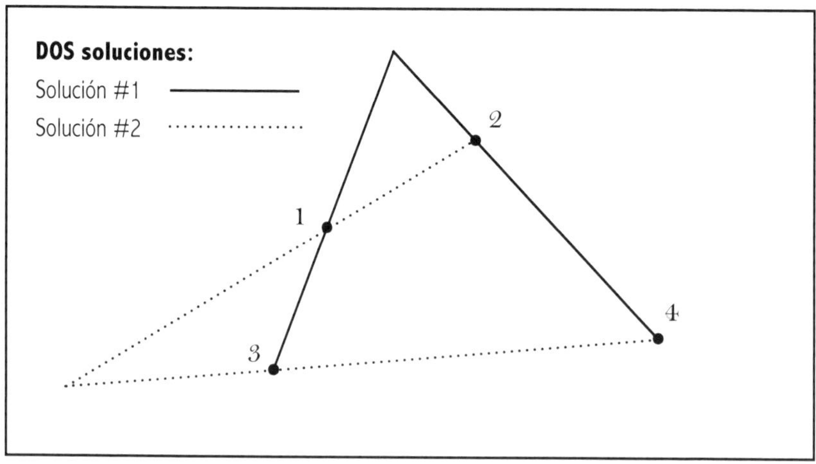

De igual manera sucede con el problema matrimonial, si en lugar de ver únicamente al cónyuge y las circunstancias adversas o negativas de tu matrimonio, extiéndate a reconocer que Dios puede solucionar cualquier situación. Si tú estás dispuesto a obedecerle, entonces notarás que la Biblia es clara en cuanto a qué pasos dar para dejar que Dios intervenga en tu situación.

Lo que la Biblia dice acerca del Divorcio

Antes de analizar algunos de estos pasos, dejemos sentado con claridad lo que la Biblia dice acerca del divorcio y las consecuencias del mismo. El mejor lugar para empezar es Mateo 19.3: *«Entonces vinieron a Él los fariseos, tentándole y diciéndole ¿es lícito al hombre repudiar a su mujer por cualquier causa?»* Claramente dice: ¿es lícito el divorcio? Sin considerar que las intenciones de estos hombres eran malas, limitémonos a considerar la respuesta de Jesús a la pregunta acerca del divorcio. Él respondió diciendo: *«No habéis leído que Él, quien los hizo varón y hembra, expresó: Por esto, el hombre dejará a su padre y a su madre y se unirá a su mujer y los dos serán una sola carne. Así que no son ya más dos, sino una sola carne. Por tanto, lo que Dios juntó, no lo separe el hombre.»*

Personalmente, me parece que la respuesta de Jesús a la pregunta de que si es lícito el divorcio es un rotundo ¡No! y hay muchos asuntos más implicados en esto.

El significado de las palabras unir y juntar implica que no se puede separar, es como pegar dos pedazos de madera con un pegamento tan fuerte que, al querer separarlos nuevamente, no se despegan sin que alguna de las dos partes sea rota, lo que implica que al separar una pareja no ocurre la separación donde fueron unidos. En otras palabras, no se pueden separar y quedar como si nada hubiera pasado, sino que el uno hiere al otro y ninguno queda libre de dolor. Repito pues, que la respuesta de Jesús es clara y enfatiza que «no es lícito el divorcio». Sin embargo, como los fariseos insisten, consideremos su segunda pregunta, que es diferente a la primera.

Le dijeron: *«¿Por qué, pues, mandó Moisés dar carta de divorcio y repudiarla?»* En primer lugar, notemos que quieren poner la culpa sobre Moisés diciendo que «él lo mandó». Si Moisés lo mandó y Moisés meramente fue instrumento de Dios, entonces la implicación es que «Dios mandó» divorciarse. Esto es un asunto muy serio y deben meditarlo bien quienes estén en esta posición.

Ahora veamos la segunda respuesta de Jesús, y quiero que noten el énfasis que hago en que ya no está respondiendo a la primera pregunta. Él les dijo: *«Por la dureza de vuestro corazón, Moisés os permitió repudiar a vuestras mujeres; más al principio no fue así.»* En primer lugar, Jesús aclara que no fue un mandato sino un permiso y fue dado no para que se divorciaran, sino porque ya se estaban divorciando, y divorciándose por cualquier cosa. La prohibición fue hecha para limitar el divorcio y aún allí aclara que es debido a la dureza del corazón del hombre. Veámoslo de esta manera, si el hombre no se endurece contra Dios, no habría necesidad de divorcio. En otras palabras, si el hombre no se encerrara en los puntos de su razonamiento y reconociese que Dios es más grande y capaz de solucionar las cosas, no habría necesidad de divorcio.

El segundo texto que quiero citar es Malaquías 2.16: *«Porque Jehová, Dios de Israel ha dicho que Él aborrece el repudio y al que cubre de iniquidad su vestido, dijo Jehová de los ejércitos. Guardaos, pues, en vuestro espíritu y no seáis desleales.»* Por mucho esfuerzo que se ponga en explicar este texto, no hay forma de cambiar su significado. ¡Dios aborrece el divorcio! Mientras no lo aceptemos, no podremos encontrar respuesta a los problemas matrimoniales, pues siempre se estará acariciando la idea de que se puede disolver el matrimonio y no habrá una entrega de corazón en buscar la respuesta de Dios.

Cuando una pareja piensa en divorciarse y ve el divorcio como una cosa o parte aislada, ignora todo lo que el divorcio involucra, no sólo en la vida de los cónyuges que se separan, sino en sus hijos, sus seres queridos cercanos, la sociedad, la Iglesia y, por consiguiente, todo ámbito espiritual y social. Es imposible entender esto si antes no entendemos lo que es el matrimonio, pues el divorcio no es sino la rotura del matrimonio. Por lo tanto, aclaremos que el matrimonio es un pacto entre un hombre, una mujer y Dios. Es un pacto entre tres personas, y Dios, que es un Dios que guarda el pacto, nos advierte en su Palabra que los que rompen el pacto acarrean condenación.

Alguno de los lectores podría citar aquí el texto *«...ninguna condenación hay para los que están en Cristo Jesús» y así es, pero aún allá, Dios es justo y aunque personalmente no condene a un cristiano, tampoco puede desmentir su palabra, y «lo que el hombre sembrare, eso también segará» (Gálatas 6.7)* aunque sea cristiano. También dice la Escritura: *«...mi pueblo fue destruido porque le faltó conocimiento.» (Oseas 4.6)* La intención no es traer condenación sobre nadie, sino presentar el mensaje de esperanza y reconciliación aun para los que se han divorciado y se han casado con otra persona. Para hacer esto, es necesario primero identificar la enfermedad antes de diagnosticarla y ofrecer la cura. Si una persona tiene cáncer, pero cree que sólo es catarro, no hay maldad ni condenación en el hecho de decirle la verdad y advertirle las consecuencias para motivarla a tomar el tratamiento y los pasos adecuados.

Consecuencias del Divorcio

Con la aclaración de lo anterior, continuaré, diciendo que el divorcio siempre—y sin excepción alguna—traerá dolor, daño y amargura a los cónyuges, a sus hijos, a los familiares inmediatos y definitivamente a la sociedad y a la Iglesia, pues el matrimonio es el fundamento del hogar, la familia, la sociedad y la Iglesia. Por eso pregunta el salmista: *«Si fueren destruidos los fundamentos, ¿qué ha de hacer el justo?» (Salmos 11.3)* La historia es un testigo fiel de cómo han caído los grandes imperios cuando el concepto moral del matrimonio se echó por los suelos y se abrió la puerta a divorcios, poligamia y libertinaje, como sucedió con el imperio romano. La historia muestra que Roma llegó a ser un imperio tan poderoso, debido a que su principio fue edificado sobre normas morales muy altas. La educación de los hijos era responsabilidad directa del hogar y los padres eran respetados y tenidos en alta estima. La prosperidad de la familia produjo la gran nación y a eso siguieron las victorias de guerra, lo cual los llevó a la posición de ser un imperio mundial. Al alcanzar esta posición, los romanos empezaron a delegar la educación de los hijos a los griegos que habían conquistado. Los griegos, habían sido culpables de pecado de sodomía y poco a poco infiltraron en los hogares romanos su filosofía griega y su humanismo, destruyendo así los valores morales del hogar romano, lo cual fue el inicio del descenso y ruina final de Roma.

En este capítulo no podríamos entrar a enumerar la gran

cantidad de evidencia histórica y, desde luego, bíblica, de cómo al ser atacado y destruido el concepto del matrimonio, se pierde todo valor y concepto moral; pero es obvio que si una persona—hombre o mujer—no tiene la disposición de ser fiel a un pacto con su cónyuge, tampoco lo será en un pacto entre naciones, entre empleados, alumnos y en ninguna otra relación interpersonal, lo cual pone de manifiesto la raíz sobre la cual Jesús habló de «la dureza de corazón» el egoísmo, el pensar sólo en sí mismo sin importar quién sufra por ello.

Regresando al punto de que el matrimonio es un pacto, en la Biblia, Dios ofrece bendición al que guarda el pacto y, en consecuencia, maldición al que lo rompe. Repito una vez más que no es que Dios envíe maldición, sino una consecuencia natural de cosechar lo que se siembra. No obstante, la principal razón del sufrimiento de muchos es la ignorancia de esta verdad. Al igual que Roma fue destruida por medio de inculcar en sus niños la mentira, muchos han recibido la mala influencia de películas, educación humanista y tanto programa moderno y liberado de lo anticuado y se ha programado en la humanidad el concepto de que cada uno debe salir adelante por sí mismo y que no se debe ser fiel, pues abusan de uno.

Esa mentalidad ha llevado al matrimonio a ser meramente un campo de prueba, con la idea de que, si no funciona, se deshace y asunto concluido. Las causas del divorcio son varias, desde la falta de compatibilidad hasta el adulterio. Sin entrar a analizarlos, porque como dije al principio, son como los cuatro puntos que al encerrarse en ellos no tienen solución. Sin embargo, si se ve desde otro panorama y se da su lugar a Dios, todos los problemas, sin excepción alguna, tienen solución.

Segunda Parte

Pasos en busca de la Solución

Al buscar la solución a un matrimonio que está considerando

divorciarse o que ya se divorció, lo primero que debe considerarse es que Dios no obrará contra la voluntad de nadie, por consiguiente, espera que alguno de los cónyuges esté dispuesto a obedecerle y a ser su instrumento, sin importar lo que el otro cónyuge decida.

Comencemos por expandir el cuadro de referencia humano para conocer el propósito del matrimonio y de esta forma, vencer la ignorancia y empezar a sembrar los pasos adecuados que produzcan como fruto una solución positiva.

Cuando me refiero a expandir el cuadro de referencia humano, deseo aclarar que el ser humano es un ser eterno, un ser espiritual y, por consiguiente, las decisiones y los eventos en los que uno se involucre, deben ser considerados con el impacto y resultado al largo alcance, no meramente como «soluciones» a una situación inmediata.

El propósito del matrimonio, contrario a las novelas, las películas y los sueños de la mayoría de señoritas ilusionadas, no es «...y vivieron muy felices». Ir al matrimonio con esa mentalidad es por sí misma una bomba de tiempo escondida en la «casita de sus sueños» que convertirá el matrimonio en una pesadilla. El matrimonio es tan sólo una parte en un programa mucho más amplio que tiene como fin transformar a cada persona a la imagen de su Creador, con quien pasará la eternidad.

Esa transformación es en lo espiritual e interno, las actitudes, el carácter, la voluntad. Para lograr este propósito, Dios permite toda clase de circunstancias, incluyendo especialmente las fricciones matrimoniales, para que se manifiesten esas áreas de nuestra vida en donde seguimos siendo dioses y señores, rechazando así la voluntad de Dios y queriendo imponer la nuestra. El matrimonio es como un ensayo completo y con trajes de una obra, en la cual la mujer está desarrollando el papel de esposa y el hombre de esposo. Piense esto: «no son esposo y esposa», sólo están desarrollando ese papel. En el teatro de la vida, se levanta el telón. El director (Dios) dice: ¡Acción! y cada uno debe esmerarse en realizar su papel en la mejor forma posible. No obstante, supongamos que uno de los dos no lo hace, es entonces atributo del director indicar si necesita ensayar más o decidir cambiarlo. No es atributo del otro protagonista y si debido a que uno está fallando el otro se enoja y no coopera, los dos se exponen a ser despedidos, pero si uno falla y el otro continúa esmerándose en hacer bien su papel, no sólo recibirá su recompensa, sino que tendrá el apoyo y admiración del director.

Basado en esto, el segundo punto de sembrar pasos positivos implica, entre otras cosas, conocer a Dios como Señor absoluto en la vida, reconocer que Su Palabra es la norma de conducta que describe la función de cada persona, someterse a esa voluntad y confiar en que Dios obrará primero en la vida del que se somete, dándole paz, propósito, visión y gozo aún en medio de circunstancias adversas y luego en las vidas de quienes le rodean, esposos, hijos y otras esferas sociales.

En resumen, diremos que el problema del divorcio siempre causará dolor y amargura, sin importar bajo qué condiciones se dé y es causado por la dureza del corazón al no confiar en que Dios puede obrar en cualquier circunstancia. La causa del divorcio es ignorar el propósito eterno de Dios e ignorar que somos seres eternos y que todo lo que hacemos tiene implicaciones de gran magnitud. La solución es entender que aún el sufrimiento es parte del plan de Dios para transformarnos a su imagen y que rechazar ese diseño, nos produce amargura y frustración. Debemos buscar el consejo y la dirección bíblica, el apoyo de personas que comprenden esas situaciones y estar dispuestos a sufrir por causa del reino de Dios.

Para quienes ya se divorciaron

Para los que ya se divorciaron y se casaron otra vez, mi consejo es que comiencen por darse cuenta de que hicieron mal, que reconozcan que las causas, razones y circunstancias por las que se divorciaron, resumen el mismo punto de egoísmo y que se justificaron en lugar de presentarse a Dios como instrumentos de justicia. Sí, pecaron, pues en el divorcio no hay parte inocente. Ahora bien, *«la sangre de Jesucristo, Su Hijo, nos limpia de todo pecado»* cuando lo confesamos, pero si sigue pensando en que obró bien, es seguro que seguirá pasando experiencias y dolores que no son lo que Dios desea para equiparlo, sino que son estorbos en su crecimiento espiritual y le causan frustración. Sin embargo, si pide perdón a Dios y reconoce que es por la misericordia de Él que ahora puede ser feliz, sí que la gracia de Dios es tal, que no sólo le perdonará, sino que le usará para animar a otras parejas a rehacer sus hogares en lugar de destruirlos, pero si tú no lo reconoces como pecado y dices que como te va bien en tu nuevo matrimonio, implicando con ello que a Dios no le importó tu divorcio y que aprueba plenamente tu nuevo matrimonio, estarás transmitiendo a otras parejas el mensaje de ¿para qué aguantar eso? Me divorcio y me caso con alguien que sí coopere y seamos felices.

Aunque no sea la intención de los que ya se han divorciado y se han vuelto a casar, se convierten en foco de atención de todos los que están experimentando problemas en sus matrimonios. Éstos les observan y si las cosas les van bien y Dios los usa en funciones de edificación para otros, el primer pensamiento que vendrá a su mente es: «Si Dios está usando a Fulano y Fulana que se divorciaron y se volvieron a casar, quizá lo mejor para mí es que me divorcie, ya que mi cónyuge no quiere hacer la voluntad de Dios, y que me case con alguien con quien pueda servir a Dios como lo hacen ellos.» Por eso, repito lo que dice el texto de Malaquías: *«Dios aborrece el divorcio»*. No confundamos Su misericordia con la aprobación de algo.

Esto es sumamente importante, Dios, por su gran misericordia, nos perdona y nos usa, a pesar de nuestras limitaciones. Sin embargo, la meta no debe ser seguir contribuyendo con esta limitación, sino transformar la experiencia negativa en instrumento y mensaje de vida para evitar que otros cometan el mismo error y limiten la voluntad y propósito de Dios. ¿Cuál debe ser entonces la actitud de los que ya se divorciaron? En primer lugar, ponerse de acuerdo con Dios, a Él no le agradó ese divorcio, pues lo aborrece. Por lo tanto, reconocer que la felicidad de su condición actual depende totalmente de la misericordia de Dios. Es básicamente lo mismo que el nuevo nacimiento. Se reconoce que se está en pecado, muerto y separado de Dios. Se le pide perdón, se le reconoce como Señor y se nace de nuevo, no por méritos propios, sino por Su gracia.

Ahora bien, ningún cristiano diría: «Mi pecado no era tan malo, lo que pasa es que estoy mejor ahora que nací de nuevo», pero eso es lo que hacen quienes minimizan o justifican su divorcio, así que póngase de acuerdo con Dios. El divorcio no es solución de Dios, pero si tú ya eres divorciado no lo justifiques.

En segundo lugar, cuida de testificar a aquellos que lo están observando que tu actual condición de felicidad y éxito no es porque Dios aprobó tu divorcio y bendijo tu segundo casamiento, sino porque Dios aceptó tu arrepentimiento y está bendiciendo tu deseo de caminar obedientemente, con la dedicación y disposición de aclarar y aconsejar a las demás parejas que el divorcio no es la voluntad de Dios. Se debe tener la humildad para decir que el fruto y bendición de rehacer tu matrimonio es mayor y más grato a Dios que el de disolverlo y buscar otro.

No hice mucho énfasis en el dolor que se causa a los hijos, pues algunos podrían pensar, «Nosotros no tenemos hijos o los hijos son mayores y están fuera de casa». Mi intención no es apelar a las consecuencias visibles o inmediatas, sino a los principios eternos e invisibles de la Palabra de Dios, por lo cual, concluiré recomendándole que expanda su marco de referencia, crea en la Biblia y en Dios y verá que todo problema tiene solución.

Conclusión

En el tema de la familia, siempre quedará mucho material por cubrir. Al escribir estas enseñanzas, no es mi intención aludir que esto es todo acerca de la familia, pero creo que al poner en práctica los principios aquí mencionados, la familia estará en mejor condición de recibir guía, iluminación y creatividad para expandir su conocimiento y encontrar soluciones bíblicas para su caso específico. Quiero repetir mi convicción de que la familia es el terreno en el cual Dios siembra las semillas de su sabiduría y capacitación.

Por lo tanto, quien se proponga creer a Dios y obedecerle en las enseñanzas claras y específicas de Su Palabra para cada función: hijos, hermanos, padres y esposos, recibirá esa sabiduría para poder ver las circunstancias de la vida desde la perspectiva de Dios y para poder relacionar todo problema con la ruptura, ignorancia o rebeldía a los principios de Dios.

Muy temprano en mi caminar cristiano, me enseñaron algo que ha sido de gran bendición en mi vida y es esto: «En la vida no hay muchos problemas, sólo uno y ese problema es la actitud con la que afrontamos las circunstancias que vienen a nosotros.» Lo que la mayoría de la gente llama «problemas» son sólo oportunidades que Dios permite para poder responder de acuerdo a Su Palabra. Si lo hacemos así, éstas nos ayudarán más a ser semejantes a Cristo. Si no lo hacemos de esa manera y crecemos y nos vamos de la casa y luego nos casamos o empezamos a trabajar y a sostenernos por nosotros mismos, Dios permitirá que otras relaciones que hagamos, ya sea de amistad en el trabajo o de familia en un matrimonio, empiecen a producir las mismas presiones que teníamos en casa, hasta que respondamos correctamente a ellas. Es como decir que llevamos una materia retrasada y que Dios no nos dejará graduarnos mientras no la aprobemos.

«Edificando la Familia» es, por lo tanto, una enseñanza indispensable para comenzar por el principio, por el entrenamiento de nuestra alma, esto nos permitirá educar a los hijos desde su concepción, con un propósito y visión claros y nos ayudará a reflexionar en los problemas que no hemos solucionado para, con la ayuda de Dios, regresar a ellos y dar los pasos que la Biblia nos señala.

Este libro está diseñado como texto para discusiones y estudios de grupos pequeños, en los cuales se puedan plantear preguntas personales y enriquecer su contenido con testimonios y experiencias de la vida de sus participantes. También hay un libro de trabajo que le acompaña con otras notas y ejemplos, a la vez con una guía de estudio. No obstante, como mencioné anteriormente, lo más importante será reconocer y valorar los principios de Dios, para que Él ilumine, expanda y aplique Su verdad a cada vida y situación en lo individual.

Es mi oración que el lector sea inspirado y equipado para

convertirse en una persona disponible en las manos de Dios para contribuir al esfuerzo de estar Edificando la Familia.

Apéndice A

El concepto del CHAPERON[1]

Unas de las preguntas que más a menudo se hacen, giran en torno del chaperón. ¿Habla la Biblia del Chaperón? ¿Cuál es la función del Chaperón? ¿Quién puede ser un chaperón? ¿Quién lo elige? ¿los novios, el padre de la novia o los líderes de la iglesia etc.?

Comencemos por responder que la Biblia no habla del chaperón, siendo la razón que, en el concepto bíblico del noviazgo, no había necesidad de esa persona.

Si las relaciones de noviazgo se fuesen a conducir siguiendo los lineamentos bíblicos, especialmente en lo relacionado a no estar solos y a no participar de caricias físicas previas al matrimonio, no habría necesidad de chaperón.

En cuanto a la función del chaperón, será conveniente que aclaremos algunos puntos.

En primer lugar, no es un guardián o policía que esté evitando que los novios hagan algo indebido. Si la pareja ve en esta persona un obstáculo, un estorbo o un entrometido al que tiene que soportar, con tal de poder verse, las cosas andan muy mal. Tenemos que dar por entendido que la pareja tiene el deseo de hacer las cosas decentemente y en orden. Que se aman, lo cual implica que se respetan y, sobre todo, que tienen temor de Dios y no están buscando la soledad para involucrarse en caricias físicas.

Partiendo de esa base, la función del chaperón cobra una dimensión totalmente diferente e importante ¿Por qué? por la

1 La palabra *chaperón* es de origen francés, define una capucha (pieza del vestido que sirve para cubrir la cabeza; remata en punta y se puede echar a la espalda) usado por los caballeros de la orden de Garter en Inglaterra. Anteriormente, se usó por hombres, mujeres, nobles y plebeyos. Después fue apropiado por los doctores y licenciados en las Universidades. El nombre pasó después a ciertas ornamentas colocadas en la frente de los caballos que conducían el carro fúnebre en funerales pomposos. Otra definición es la de «Atender a una ama en una asamblea pública». (Tomado del diccionario Noah Webster, 1828.)

sencilla razón de que esta persona está para apoyar, facilitar e idealmente, aconsejar, para que se cumplan los deseos de la pareja.

En segundo lugar, la función del chaperón no tiene que estar limitada a una sola persona. ¿A qué me refiero? A que si la pareja es sabia y el propósito de salir juntos no es para enamorarse, sino para intercambiar ideas, para hablar de su boda, de planes, ideas, sueños, metas, etc., cosas que, aunque son de su futura vida privada, no son privadas como temas en sí, sino que las pueden hablar delante de, y con el chaperón, sacarían mayor provecho, haciéndose acompañar de alguien con la suficiente madurez o conocimiento, para que les ayude a ser realistas en sus aspiraciones, lo cual podría incluir salir unas veces con una clase de persona y otras con otra.

En tercer lugar, como dije al principio, todas las relaciones juegan un papel importante en la formación de la persona y en la Biblia, la relación de amigo es muy especial. Consideremos el siguiente texto a la luz de la función del chaperón.

Juan 3.29: «El que tiene a la novia es el novio; pero el amigo del novio, que ha estado de pie y le escucha, se alegra mucho a causa de la voz del novio. Así, pues, este mi gozo ha sido cumplido.»

Aún en aspectos mundanos, se ha considerado al amigo como aquella persona con la que se comparten los secretos y situaciones más íntimas. Sobre todo, cuando esa amistad es en el Señor y se goza de la amistad de alguien que quiere verles triunfar en su matrimonio y tanto más, si esos amigos ya son un matrimonio.

Eso nos lleva a responder la pregunta de quién se supone escoger al chaperón. Lo ideal sería que aquí se aplicaran los mismos principios que se señalan para toda decisión, es decir: multitud de consejeros.

Puesto que los líderes de la iglesia no tienen autoridad para dirigir la vida de la pareja, su función se limita sólo a aconsejar. En el caso de los padres, asumiendo que ya aprobaron el compromiso, además de su consejo, pueden expresar su preferencia y aún es posible que puedan poner condiciones, si los dos o uno de los dos hijos vive bajo la autoridad de ellos. Sin embargo, lo ideal será que la pareja tenga la suficiente madurez y sabiduría para buscar a la o las personas que más puedan beneficiarles en este período de ajustes y acuerdos. De allí que la función del chaperón es positiva. Además de los puntos ya mencionados, también se incluye el de no dar lugar a murmuraciones ni a poner en tela de juicio la integridad de la pareja.